Apprentissage
par projet

PRESSES DE L'UNIVERSITÉ DU QUÉBEC
Le Delta I, 2875, boulevard Laurier, bureau 450
Québec (Québec) G1V 2M2
Téléphone : (418) 657-4399 • Télécopieur : (418) 657-2096
Courriel : puq@puq.ca • Internet : www.puq.ca

Diffusion / Distribution :

CANADA et autres pays
PROLOGUE INC.
1650, boulevard Lionel-Bertrand
Boisbriand (Québec) J7H 1N7 .
Téléphone : (450) 434-0306 / 1 800 363-2864

FRANCE
AFPU-DIFFUSION
SODIS

BELGIQUE
PATRIMOINE SPRL
168, rue du Noyer
1030 Bruxelles
Belgique

SUISSE
SERVIDIS SA
5, rue des Chaudronniers
CH-1211 Genève 3
Suisse

Apprentissage par projet

Jean Proulx

Centre de ressources de la Faculté d'éducation
Université d'Ottawa - University of Ottawa
Faculty of Education Resource Centre

2008

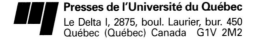 **Presses de l'Université du Québec**
Le Delta I, 2875, boul. Laurier, bur. 450
Québec (Québec) Canada   G1V 2M2

Catalogage avant publication de la Bibliothèque nationale du Canada

Proulx, Jean, 1936- .

Apprentissage par projet

(Collection Formules pédagogiques)
Comprend des réf. bibliogr.

ISBN 2-7605-1294-0

1. Enseignement - Méthode des projets. 2. Apprentissage. 3. Relations maîtres-élèves.
4. Enseignement – Méthode des projets – Cas, Études de. I. Titre. II. Collection.

LB1027.43.P76 2004   371.3'6   C2004-940491-1

Nous reconnaissons l'aide financière du gouvernement du Canada
par l'entremise du Programme d'aide au développement
de l'industrie de l'édition (PADIE) pour nos activités d'édition.

Mise en pages : INFO 1000 MOTS INC.
Couverture : CARON & GOSSELIN COMMUNICATION GRAPHIQUE

371.36
o P 768
2008

Table des matières

Liste des tableaux

Liste des figures

Un exemple de projet

*« Un homme ne peut bien écrire,
s'il n'est quelque peu bon lisant[1]. »*

Ces mots de Clément Marot, poète français de la première
moitié du XVIe siècle, bien des enseignants et des enseignantes
d'aujourd'hui auraient envie de les reprendre en écho.

André et Johanne sont de ceux-là. Ils partagent au moins un
trait en commun dans leur profession d'enseignants : ils déses-
pèrent ! De quoi au juste ? De la piètre qualité d'écriture de leurs
élèves, encouragée pour ainsi dire par leur goût infinitésimal
pour la lecture. À l'ère de la couleur, du mouvement, de l'image
et du son, on croirait, au dire des enseignants, que la réflexion
suscitée par la lecture est en quelque sorte devenue le pain des
pauvres... apprenants. Cela est vrai tant pour les élèves d'André,
qui enseigne en sixième année du primaire, que pour ceux de
Johanne, qui enseigne en troisième secondaire. Cette dernière,
toutefois, lasse de chercher sans trouver des moyens efficaces
pour améliorer l'écriture et la lecture chez ses élèves, a décidé
d'adopter la stratégie du clou enfoncé : dix pages de lecture par
jour avec un résumé écrit le lendemain ; faute de s'y conformer : rencontre avec le directeur. Aux dernières nouvelles, on
cherchait à embaucher un deuxième directeur !

---

1. P. Oster, *Dictionnaire de citations françaises*, Paris, Le Robert, coll. Les usuels, 1986,
   p. 54.

André n'était pas loin lui non plus d'adopter une telle stratégie quand la lecture d'un ouvrage de pédagogie intitulé *Teaching through Projects* (Goodrich, Hatch *et al.*, 1995) fait naître chez lui une idée qu'il jugeait, certes, audacieuse, mais qui, espérait-il, allait lui permettre d'amener ses élèves à mieux lire et à mieux écrire. En prime, peut-être serait-il amené également à revoir certaines de ses pratiques pédagogiques en classe au profit des apprenants.

En fait, ce jour-là, André avait pris connaissance, dans l'ouvrage cité plus haut, d'un projet de rédaction d'un livre conçu par un enseignant, puis suggéré aux apprenants et réalisé par ces derniers. Quelle était l'esquisse générale de ce projet ?

Il s'agissait, à la base, d'une activité de classe qui s'échelonnait sur l'année scolaire entière et qui consistait en la rédaction et en la « publication » d'un livre. Il n'était pas exclu que des apprenants travaillent individuellement à la rédaction de leur propre ouvrage, mais pour favoriser la coopération il était suggéré de travailler en groupes restreints pour produire en tout quatre ou cinq livres dans la classe. Une telle activité revêtait un intérêt tout particulier dans le sens où elle pouvait être adaptée à plusieurs contextes de réalisation : travail à l'école et à la maison, travail individuel, en équipe ou en groupe-classe, applicable dans plusieurs champs ou disciplines du savoir, économique sur le plan matériel et logistique, etc.

Ce projet poursuivait bien sûr plusieurs objectifs. Outre celui de produire concrètement un volume, il visait, notamment, sur le plan pédagogique, à :

– initier les apprenants à quelques méthodes de collecte de données nécessaires pour l'écriture ;

– développer chez les apprenants une approche progressive dans l'écriture ;

– rendre les apprenants capables d'utiliser efficacement des données de lecture au profit de l'écriture ;

– développer chez les apprenants, à même leur imagination et leur créativité, des habiletés à construire des scénarios logiques qui suscitent l'intérêt ;

– travailler en coopération, etc.

Après avoir défini les objectifs, il fallait s'attaquer concrètement à la tâche : dresser une liste des sujets ou thèmes à exploiter et retenir ceux d'un intérêt commun, former les équipes, élaborer un échéancier, établir le mode de fonctionnement en classe, déterminer le matériel nécessaire, procéder à une répartition des tâches intra-groupes ou inter-groupes, décider des suites à donner au projet (publication restreinte ou élargie, exposition, vente, présentation à un concours, etc.), convenir des modalités d'évaluation de cette activité d'apprentissage, et ainsi de suite.

En prenant connaissance de ce projet pédagogique, André se laissa aller à une sorte de rêverie bienfaisante : non seulement imaginait-il ses élèves en train de lire et d'écrire sans douleur ou, mieux, dans le plaisir, mais il voyait déjà certains d'entre eux remporter la palme de concours régionaux d'écriture, préparant ainsi la table pour, qui sait, un futur prix Goncourt !

Évidemment, les impératifs du quotidien eurent tôt fait de mettre fin à cette rêverie d'André. Quand il referma la couverture de l'ouvrage *Teaching through Projects* (1995) pour corriger les résumés de lecture de ses élèves, il constata vite, une fois encore, que plusieurs d'entre eux n'avaient pratiquement rien lu et que leur écriture, à tout le moins, donnait dans le « vague à souhait ». Il lui vint alors à l'esprit l'image de Sisyphe qui roule sa pierre sur la pente, avançant d'un pas pour reculer de deux. Néanmoins, cette image mythique ne parvint pas à nourrir son désespoir d'hier. La lecture de l'ouvrage en question lui avait montré une nouvelle avenue et il comptait bien s'y aventurer. En optant pour l'apprentissage par projet, André n'avait certainement pas l'impression de s'engager dans la « voie royale » de la pédagogie. Son expérience et son réalisme le protégeaient bien des idées reçues, marchandes de bonheur. Non, il venait plutôt de prendre conscience que, s'il y a une chose, entre toutes, que l'apprentissage par projet vient heurter dans la pratique pédagogique courante, c'est bien la peur du risque ou le manque d'audace de plusieurs pédagogues qui se tiennent loin de cette formule parce qu'elle rompt de façon trop radicale avec le confort et la sécurité de leur habitus pédagogique.

En même temps qu'André pouvait comprendre ces réactions d'autoprotection, il ne pouvait s'empêcher de constater leur inefficacité manifeste à résoudre des problèmes d'apprentissage comme celui de l'écriture et de la lecture chez ses élèves ; partant, c'est au prix d'une insatisfaction professionnelle croissante que de telles réactions s'installaient à demeure chez ceux et celles qui prenaient l'option d'éviter tout risque en pédagogie. André décida qu'il était temps de quitter la troupe. En cette fin d'année scolaire plus propice à l'anticipation des vacances annuelles qu'à la planification de la prochaine année, il avait néanmoins arrêté son choix de formule pédagogique pour la rentrée : l'apprentissage par projet appliqué à l'apprentissage de la lecture et de l'écriture chez des apprenants de sixième année du primaire. Oui, il allait oser.

Bien sûr, l'exemple de projet de rédaction d'un livre dont André venait de prendre connaissance ne lui donnait alors qu'un aperçu encore fort général de la formule qu'il comptait utiliser au retour des vacances. Néanmoins, le contexte pédagogique d'utilisation de la formule par projet commençait, lui, à se préciser suffisamment pour qu'André décide de peaufiner davantage son projet. Nous verrons en conclusion ce qu'il en est résulté une année scolaire plus tard.

Introduction

L'approche par projet fait partie des derniers-nés de ce que d'aucuns appellent la pédagogique différenciée. En réaction à la façon traditionnelle d'enseigner où le maître expose son savoir à des élèves à l'écoute, les tenants d'une pédagogie différenciée adhèrent aux principes du socioconstructivisme en éducation selon lesquels l'apprenant doit être un agent de sa formation et, pour cela, être en action dans ses apprentissages. Nous reviendrons au prochain chapitre sur cette perspective théorique. Pour le moment, nous voulons seulement signaler que, lorsqu'on parle d'approche par projet, on fait référence à une formule qui tient à prendre ses distances par rapport à l'exposé magistral traditionnel en pédagogie. Cela dit, malgré ses racines historiques que l'on dégagera dans le chapitre suivant, cette formule, nouvelle au moins dans sa popularité, mérite d'être examinée avec un peu plus de clairvoyance que ce n'est le cas actuellement si l'on veut bien saisir sa contribution à la formation des apprenants. Approche par projet, pédagogie par projet, enseignement par projet, apprentissage par projet, autant d'expressions rencontrées dans la littérature qui montrent que, si cette formule suscite la ferveur et l'enthousiasme chez plusieurs pédagogues, elle soulève aussi des hésitations conceptuelles que l'on pousse sous un même tapis : celui des projets.

Comme le titre de cet ouvrage suffit à informer le lecteur que c'est bel et bien d'«apprentissage par projet» qu'il sera question dans ses pages, son contenu, lui, devrait constituer une entreprise de justification de cette expression. Mais il faut aussi se méfier du fignolage sémantique : ce qui sera au cœur de notre réflexion dans cet ouvrage, c'est la contribution du projet à la formation de l'apprenant. Qu'on enseigne par lui ou qu'on apprenne par lui, la relation enseignant-apprenant en est fortement influencée. Mais avant de voir comment et dans quelle(s) direction(s) pointe cette influence, il convient, en introduction, de placer cette idée d'approche par projet en perspective.

L'être humain en projet

Dès l'âge de deux ans – c'est-à-dire quand leur développement intellectuel est suffisamment avancé pour l'exercice d'une fonction de représentation spatiotemporelle, les êtres humains anticipent des états désirés et cette anticipation ne cessera bien souvent qu'aux derniers moments de la vie. Ces mêmes humains en arrivent alors à souhaiter – comme projet (?) – une mort douce. Cette capacité de l'espèce humaine à se représenter le futur par l'entremise d'un projet lui serait même spécifique et la distinguerait, entre autres caractéristiques, de l'espèce animale selon L. Not (1987). Quoi qu'il en soit de la justesse éthologique de cette affirmation, on doit au moins reconnaître que lorsqu'il nous est donné, d'aventure, de rencontrer une personne qui se dit sans aucun projet dans sa vie, on a vite fait de voir là des symptômes dépressifs ou des idées suicidaires, ce que confirme d'ailleurs souvent la personne elle-même. Vraisemblablement, celle-ci dira qu'elle n'a plus de raisons de vivre, qu'elle ne parvient pas à donner un sens à sa vie. Si cela est juste, l'idée de projet ne peut pas être secondaire ou purement instrumentale dans la vie d'une personne. De fait, l'« en projet », dirions-nous, est un élément constitutif de la nature humaine elle-même. Il est la réponse intellectuelle et comportementale attendue d'un individu qui sait que sa vie a un futur.

La société en projet

Nous vivons, selon Courtois et Josso (1997), dans une société à projets : projets communautaires, organisationnels, d'entreprise, de loisirs, de développement, etc. Cela n'étonne guère : devant le cumul de projets individuels quasi « naturels », comment ne pas attendre l'extension de « projets sociaux ». À notre époque plus que jamais peut-être, les projets sociaux ne font pas que se présenter en pléthore, ils bénéficient nettement d'un préjugé idéologique favorable. La présence de projets – et leur nombre – est pratiquement devenue l'étalon de mesure du dynamisme des sociétés ou organisations. La compétition aidant, chacune de ces organisations pond des projets presque en série pour s'assurer de figurer en tête de file. En ce sens, nous sommes bel et bien dans une société « en projets » au pluriel. Mais nous sommes aussi dans une société « en projet » au singulier.

En effet, la société est aussi un projet en elle-même. L'expression « projet de société », si noble et si galvaudée à la fois, témoigne fort explicitement de ce fait. Les gouvernements, les organisations communautaires caritatives, les syndicats, les écrivains, les philosophes, etc., nourrissent tous un projet de société. D'aucuns diront ici que de tels projets n'apportent pas le beurre sur le pain et qu'en ce sens leur intérêt est plutôt académique, parce qu'ils donnent inéluctablement dans l'utopie. La société démocratique des Grecs, celle sans classes sociales de Marx, la société juste de Trudeau, autant de projets de société inachevés. Peut-être. Mais dans un excellent article sur le rapport entre le projet et l'utopie, Dias de Carvalho (1987) montre que c'est bien souvent l'utopie elle-même qui, à l'image d'une locomotive, tire le projet. Selon ses termes, « l'utopie ne se détache pas du projet, elle le radicalise » (Dias de Carvalho, 1987, p. 95). De fait, la société démocratique des Grecs a toujours été et est encore « en projet ». Mais dans cette utopie ont vu le jour de nombreux projets sociaux éminemment démocratiques. Et si d'autres sont désirés et à venir, c'est que l'utopie démocratique continue à séduire. En fait, entretenir un projet de société (une société « en projet »), c'est se placer dans l'ordre de l'idéal et lui conférer une place dans notre représentation de la vie sociale. Partant, le projet devient le signe vital que nous cultivons cet idéal, non pas tant pour l'atteindre, mais pour nous en rapprocher le plus possible, sachant qu'une telle avancée sera toujours plus avantageuse pour nous que le fait d'y renoncer dans la stagnation.

En résumé donc, autant individuellement que collectivement, nous sommes habités par le projet au sens où nous sommes de façon quasi permanente des êtres en projet. Le projet est une force motrice de base de notre vie tout court. Mais, au fait, que doit-on entendre par cette notion de « projet » ?

Qu'est-ce qu'un projet ?

Le *Petit Larousse* n'est guère explicite quand il s'agit de définir ce qu'est un projet. Un projet est : « Ce que l'on a l'intention de faire » (1999, p. 828). Le mot clé bien sûr, ici, est « intention ». D'un point de vue plus philosophique, Sartre (1960) disait du projet qu'il est « [...] la conduite la plus rudimentaire [qui] doit se déterminer [...] par rapport à un certain objet à venir qu'elle tente de faire naître[1] ». On voit donc que l'intention est aussi présente dans cette définition.

En comparaison avec le désir, l'intention est liée beaucoup plus intimement à l'action. Elle est, dans les termes de Joannert et Vander Borght (1999), « une action en puissance ». Le désir, lui, est moins engageant. On peut très bien désirer le bien d'autrui sans avoir l'intention de se l'approprier. En ce sens, le projet peut donc être compris, d'un point de vue psychologique, comme le passage du désir à l'intention. Remarquons toutefois qu'un projet suppose une intention, mais pas nécessairement un désir. On peut avoir dans un projet de vacances l'intention de rénover la maison, ce qui ne suppose en rien qu'on en

---

1. J.-P. Sartre, *Questions de méthode. Critique de la raison dialectique*, Paris, N.R.F., 1960, p. 63-64.

éprouve un vif désir. Cette remarque est importante, parce que dans l'apprentissage par projet, notamment, une idée reçue veut que les projets soient conçus pour correspondre aux désirs de l'apprenant et à ses centres d'intérêt. Va peut-être pour l'intérêt, mais pour les désirs, cela ne peut que rester dans l'ordre du souhaitable. Si tout projet devait nécessairement correspondre aux désirs de l'apprenant, le taux de décrochage scolaire augmenterait en flèche au Québec, au moins au primaire! Le substrat d'un projet réside donc d'abord dans le dynamisme du rapport intention-action.

Mais il y a plus : cette intention porte sur un objet ou sur un état du monde que l'on souhaite voir changer ou voir apparaître. Cela suppose que le projet est configuré dans une image mentale qui non seulement reproduit l'état final désiré intentionnellement, mais laisse voir aussi les actions principales à entreprendre pour y parvenir. Dans tout projet, il y a un engagement implicite de l'individu à faire en sorte que l'état du monde dans lequel il se trouve bénéficie d'une valeur ajoutée. En propre, le projet appelle au changement et celui-ci à l'action. On ne peut pas avoir comme projet de « ne rien faire », à moins d'être en action. Dans ce cas, le projet de ne rien faire supposera qu'on agira en sorte que nos occupations actuelles cesseront, ce qui est bel et bien un changement en action. Tel est le cas, par exemple, de certains drogués du travail qui arrivent à avoir comme projet de lâcher prise pour un moment.

Cela compris, nous dirons alors d'un projet qu'il est chez son auteur :

> L'expression d'une intention d'actions pour faire en sorte qu'un changement voulu dans sa situation actuelle se produise au moins en partie sous son initiative.

Cette définition que nous proposons du projet ne veut pas servir un intérêt académique ; elle vient plutôt mettre en lumière les éléments qui permettront d'en faire une application proprement pédagogique. En effet, si l'être humain et, par extension, la société se nourrissent de projets dans leur évolution, s'ils génèrent quotidiennement le changement par leurs actions intentionnelles, comment penser alors qu'une pédagogie par laquelle on prétend poursuivre le développement intégral de la personne puisse lésiner sur la place à réserver aux projets dans la formation des apprenants.

L'approche par projet

Avant que nous nous penchions directement sur les fondements historiques et théoriques de l'apprentissage par projet lui-même, deux remarques s'imposent à notre avis sur cette façon d'aborder la formation des apprenants.

En premier lieu, l'approche par projet n'est pas, dans son essence même, une technique ou une façon spécifique d'enseigner. Elle est plutôt une façon de penser l'enseignement en vue d'un apprentissage que l'on espère meilleur. Certes, pour l'appliquer, il y a des *modus operandi* à suivre. Mais ces techniques n'assurent pas par elles-mêmes le succès de l'entreprise. L'approche par projet se situe pédagogiquement dans un cadre conceptuel et axiologique. Elle prend parti pour l'enseignement et l'apprentissage dans l'action, pour l'apprenant comme chef de file de sa formation et pour l'enseignant comme sa vigile. Il faut le dire, l'approche par projet est idéologique avant d'être une mode ou une formule pédagogique à proprement parler. Cela fait sa force et sa limite en même temps. Il ne faut pas penser que cette approche viendra résoudre tous les problèmes d'apprentissage. Mais l'éclairage qu'elle apporte dans toute la problématique de la formation des apprenants est tel que l'ignorer serait se condamner à ne voir que d'un seul œil cette problématique.

En second lieu, nous allons parler beaucoup d'« apprentissage » par projet dans cet ouvrage. Il ne faut toutefois pas se méprendre. L'approche par projet n'interpelle pas que l'apprenant ; elle vise tout autant l'enseignant. Il est parfois téméraire en pédagogie de traiter de façon trop isolée ces deux fonctions. Il existe dans la formation efficace une forme de partenariat intrinsèque qui fait que, parfois, il est difficile de répartir équitablement les mérites ou les torts des succès ou des échecs. L'approche par projet pose aux apprenants un défi qui les motive. Elle fait de même pour les enseignants qui ont à cœur leur profession. En lisant la littérature qui traite de ce sujet, on a parfois l'impression que cette approche est une invitation souhaitée au délestage des responsabilités de l'enseignant en faveur de l'apprenant. C'est là une erreur de perspective. On enseigne différemment, mais on enseigne. On apprend différemment, mais on apprend. Voilà bien notre conviction et nous souhaitons transmettre au moyen de cet ouvrage écrit en termes simples, concrets et utiles pour tous ceux et celles qui, de loin ou de près, partagent notre plaisir à contribuer de façon sensible au développement actuel et futur des personnes tant au point de vue individuel que social.

La démarche

Dans le premier chapitre, nous invitons le lecteur à prendre connaissance des fondements historiques et théoriques de l'apprentissage par projet. Nous verrons alors que cette formule pédagogique, peut-être récente dans sa popularité, n'est pas pour autant une façon toute nouvelle de penser l'enseignement et l'apprentissage.

Les chapitres 2, 3 et 4 seront pour leur part consacrés à une définition et à une caractérisation de l'apprentissage par projet que nous situerons dans une typologie particulière construite par Chamberland, Lavoie et Marquis (1995) et que nous détaillerons selon différents critères de distinction.

Le chapitre 5 nous amènera, sur le plan théorique, à jeter un regard critique sur les avantages et les limites de l'apprentissage par projet appliqué à la pédagogie.

Le chapitre 6 poursuivra un peu dans la même veine mais avec une insistance plus pratique sur les différentes conditions d'utilisation de cette formule des projets.

Le chapitre 7 empruntera une voie encore plus concrète en proposant une démarche type d'élaboration de projets pour l'enseignant et l'apprenant qui voudraient expérimenter cette formule pédagogique.

Les chapitres 8 et 9 présenteront respectivement, à titre de suggestions, quelques idées de projets et des exemples de projets réalisés en milieu scolaire.

À la suite, nous avons ajouté deux témoignages d'enseignants qui, chacun à son niveau d'enseignement, ont expérimenté avec bonheur la formule de l'apprentissage par projet.

Enfin, une brève conclusion dégagera l'essentiel de nos propos et situera l'apprentissage par projet dans le contexte de l'enseignement en général.

Chapitre 1

Aperçu historique et fondements

Malgré l'engouement actuel que suscite l'apprentissage par projet chez les pédagogues, on aurait tort de conclure qu'il a peu de racines dans le temps et que ses fondements ne reposent que sur des vues de l'esprit voulant « faire changement ». Certes, comme nous l'avons mentionné en introduction, l'apprentissage par projet occupe aujourd'hui les premières loges de la pédagogie différenciée, mais cela ne le prive pas de son histoire et de ses assises théoriques, lesquelles ne sont donc pas de génération spontanée.

Aperçu historique

Dans la littérature, on situe généralement les origines de cette approche autour des années 1900-1920, et principalement à partir des travaux de W.H. Kilpatrick (1918, 1926). L'article de cet auteur paru en 1918 et intitulé « The Project Method » provoqua un tollé chez les pédagogues tant ce qu'il y prônait tranchait avec les us de l'époque en enseignement. Kilpatrick considérait qu'on accordait beaucoup trop d'importance au contenu des connaissances par rapport aux processus pour les acquérir. Il préconisait une pédagogie centrée sur les apprenants, sur leurs buts et sur leurs besoins. De là, il fallait développer pour eux des *activités* utiles, orientées vers des buts concrets et faisant appel aux habiletés à résoudre des problèmes. La voie des projets – qu'il divise en quatre catégories comme nous le verrons plus loin – lui semblait la voie royale pour y parvenir.

Les bases théoriques étant jetées, un autre Américain – beaucoup plus connu – se chargea un peu plus tard non seulement de mieux faire connaître cette approche, mais de lui fournir ses bases empiriques. Il s'agit bien sûr du philosophe et pédagogue John Dewey (1897), qui s'est rendu célèbre dans les milieux de l'éducation par l'approche du « learning by doing » qu'il préconisait. Associé, en philosophie, au courant fonctionnaliste, Dewey considérait que c'est dans et par l'action qu'on apprend le mieux. Selon lui, les êtres humains ont un désir inné d'apprendre – ce que Fromm appellerait le besoin de connaître – et ce désir « naturel » ne peut être pleinement satisfait que lorsque l'enfant découvre, dans l'action, les réponses à ce désir. Il faut donc à l'apprenant une école qui soit attentive à de tels désirs ou besoins et qui trouve des façons concrètes et efficaces de les satisfaire. L'école-laboratoire de Dewey visait cet objectif. Elle offrait des activités susceptibles d'intéresser, selon ses dires, les apprenants : travaux manuels, conception et réalisation de projets, ateliers d'apprentissage, pièces de théâtre, visites, expositions, etc. Au fond, Dewey aura pris la relève de Kilpatrick, chez les Américains, mais en introduisant un pragmatisme qu'il voulait néanmoins scientifique sur le plan méthodologique. On le considère généralement dans les milieux de l'éducation comme le représentant le plus en vue, dans l'histoire, des méthodes actives ou occupationnelles en pédagogie.

Parallèlement à ces remises en cause de l'approche traditionnelle dans l'enseignement en Amérique, se développait aussi en Europe, à la même époque, une façon nouvelle de penser l'éducation scolaire. Ce mouvement se cristallisa autour de ce qu'on a appelé le Groupe français d'éducation nouvelle, dont Decroly (1871-1932) et Freinet (1896-1966) sont parmi les principaux représentants.

Le premier (Decroly) était un psychologue et médecin belge qui a travaillé à la fois avec des enfants normaux et avec des enfants souffrant de désordres cérébraux. Il s'est surtout fait connaître en pédagogie par la notion des « centres d'intérêt de l'enfant » qui devraient guider toute activité d'enseignement. Pour lui, l'école est une « partie de la vie dans la vie » et s'abstraire de ce contexte dans la formation condamne à la vacuité. Decroly considérait qu'aucun apprentissage efficace n'est possible sans que l'on y intègre l'affectivité de l'enfant et sans que l'on se préoccupe du sens concret à donner aux apprentissages. Selon lui, l'enfant est et doit être l'agent principal de sa formation. Mû par sa curiosité, il observe son environnement, y fait par comparaison des associations, et les conclusions ou données qu'il en tire s'ancrent solidement en lui, parce qu'elles sont le fruit de ses propres découvertes. Il faut donc créer des écoles et des activités de formation qui mettent à l'avant-plan, comme contextes d'apprentissage, des situations concrètes de la vie quotidienne, des situations qu'il est possible d'appréhender en modes globaux ou syncrétiques comme le fait habituellement l'enfant. Ce pédagogue aura eu une influence importante sur le renouvellement des pratiques pédagogiques en France et en Belgique dans les années 1940 et 1950.

Le second (Freinet) eut une influence au moins aussi grande à la même époque dans ce qu'on a appelé « l'école nouvelle ». Partisan des méthodes actives, Freinet prônait une pédagogie qui soit concrète et qui se situe à mi-chemin entre l'approche traditionnelle dogmatique et le laxisme qui laisserait l'apprenant à ses expériences, sans plus. En ce sens, il accordait une place importante à l'enseignant, même dans une pédagogie active. Pour lui, c'est l'enseignant qui organise le contexte d'apprentissage, qui guide l'apprenant dans sa démarche d'essais-erreurs et qui renforce les comportements appropriés et souhaités. Comme Dewey, il fonda sa propre école expérimentale dans laquelle l'utilisation de matériel, d'outils et d'appareils technologiques était pratique courante. Dans sa recherche d'un certain équilibre entre la théorie et la pratique, Freinet encourageait beaucoup le travail en équipe et la classe devenait alors un lieu de travail et de rencontres où les apprenants partagent leurs connaissances.

À cette époque donc, la pédagogie par projet avait le vent dans les voiles, même si on ne l'a jamais vraiment retrouvée en tête de file des pratiques pédagogiques du temps. Elle avait prise surtout à l'intérieur du mouvement pour l'école moderne, parce qu'elle favorisait une approche interdisciplinaire centrée sur l'intérêt des apprenants et parce qu'elle privilégiait aussi, comme contexte d'apprentissage, des situations concrètes de la vie courante. Qu'en est-il aujourd'hui, quelque cinquante années plus tard ?

L'apprentissage par projet aujourd'hui

Il se produit, en éducation comme dans beaucoup d'autres domaines, des cycles qui se présentent un peu au rythme des changements intergénérationnels. En effet, après une période plus ou moins creuse entre les années 1960 et 1980 environ, force est de constater aujourd'hui que l'apprentissage par projet revient tambours battants dans les réformes entreprises en éducation et dans la littérature pédagogique. Il serait trop long ici de faire le tour des auteurs contemporains qui s'intéressent à la question, mais on peut certainement penser que des auteurs comme Perrenoud, Meirieu et Boutinet en Europe, Blumenfeld, Goodrich, Chapman et Freeman en Amérique, sont de ceux-là. Au Québec, malgré un intérêt croissant, la littérature sur le sujet est peu abondante. Quelques auteurs ont toutefois publié des ouvrages intéressants (Arpin et Capra, 2001 ; Grégoire et Laferrière, 2001 ; Pelletier, 2001 ; LeDoux, 2003). Cela dit, sans viser directement l'apprentissage par projet, l'idée d'une pédagogie concrète centrée sur le développement d'habiletés chez les apprenants et enracinée, en termes utilitaires, dans leur milieu va sans cesse croissant au Québec. On semble nettement privilégier ce type de pédagogie dans de nombreux textes de la revue *Pédagogie collégiale*, publiée par l'Association québécoise de pédagogie collégiale. C'est aussi à ce type de pédagogie que fait appel la récente réforme de l'enseignement primaire[1], principalement orientée vers l'acquisition de compé-

---

1. Voir à ce sujet : *Programme de formation de l'école québécoise*, Gouvernement du Québec, Ministère de l'Éducation, Québec, 2001.

tences concrètes et transférables. Bref, il semble bien qu'à l'heure actuelle les vents soient favorables à une pédagogie de projet qui vienne ancrer dans l'action les nombreux apprentissages auxquels doivent procéder les apprenants dans leur curriculum de formation. Cette tendance est en outre particulièrement renforcée par le développement accéléré des technologies d'information qui ouvrent en ce domaine plusieurs portes.

L'engouement pour une telle approche prend appui, au plan théorique, sur le développement des sciences cognitives et, plus particulièrement, sur ce qu'on a appelé le socioconstructivisme en éducation. Qu'en est-il de ce cadre théorique ?

Fondements théoriques

Comme nous venons de le voir dans l'aperçu historique, la pédagogie par projet se présente comme une résultante attendue de courants de pensée qui, chacun dans ses nuances et dans sa spécificité, partagent la conviction commune que l'approche traditionnelle en pédagogie – celle où le maître transmet directement son savoir à des apprenants passivement récepteurs – est non seulement inefficace, mais même contraire aux modes « naturels » d'apprentissage chez l'humain. Dans une perspective évolutionniste, ce dernier aurait en effet été sélectionné – et donc avantagé – non seulement pour son habileté à recevoir sensoriellement de l'information, mais surtout pour son habileté à rechercher l'information, à la trier et à l'organiser à des fins instrumentales. Fromm (1956), par exemple, soutenait que l'être humain est poussé par un besoin irréductible de connaître qui l'amène à explorer sans cesse son environnement et à être attiré par ce qui est nouveau, donc par ce qui s'offre comme un objet à connaître.

Il faut en fait remonter aux années 1960-1970 et aux travaux de Jean Piaget (1974) pour voir apparaître progressivement un corpus théorique susbstantiel qui fonde cette conviction historique principale. Nous parlons bien sûr ici de l'essor des sciences

17

cognitives, lesquelles ont véritablement pris leur envol dans les années 1970 même si, comme l'a montré Gardner (1985), leurs racines sont antérieures à cette époque.

La perspective cognitiviste

Pour les cognitivistes en général (Simon, 1981 ; Lazarus, 1990 ; Mandler, 1984 ; Johnson-Laird, 1988 ; Piaget, 1967), les êtres humains interagissent de façon adaptative avec leur environne-ment de façon à maintenir un équilibre entre les pressions de celui-ci et leurs propres besoins, qu'ils soient d'ordre physiolo-gique ou psychologique. Ce *modus operandi* suppose dès lors que l'individu n'est jamais complètement passif dans l'infor-mation qu'il reçoit, mais qu'il est plutôt actif en traitant cette information selon des modes parfois instinctifs, aléatoires ou encore appris. En psychologie notamment, on distingue clai-rement entre la sensation – qui est la réception purement sensorielle d'une information – et la perception – qui est une organisation mentale signifiante de la sensation reçue. En d'autres termes, pour les cognitivistes, non seulement l'individu s'adapte à son environnement, mais il adapte également celui-ci à sa propre personne en le manipulant dans la poursuite de ses buts.

Dans le domaine de l'enseignement et de l'apprentissage, une telle conception conduit à un changement majeur de para-digme : on passe du paradigme de la personne qui enseigne à celui de la personne qui apprend. Au lieu de se demander quoi enseigner et comment, on s'intéresse d'abord à la façon dont les êtres humains apprennent et on ajuste la ou les façons d'enseigner en conséquence. C'est ainsi que, la connaissance du cerveau aidant, on en est venu à mieux comprendre chez l'humain des mécanismes et processus mentaux comme ceux de la perception, de la mémorisation, de la cognition, du juge-ment, de la motivation, du transfert de connaissances, de la métacognition, etc. Quels sont, aux fins de notre propos, les éléments clés que nous fournit cette approche ?

Traitement de l'information

L'apprentissage est essentiellement un processus de traitement de l'information qui se fonde d'abord sur les connaissances antérieures du sujet. L'un des rôles clés de l'enseignant est alors de fournir à l'apprenant des données à la fois accessibles et suffisamment complexes pour qu'elles se prêtent à un traitement réfléchi.

Construction du savoir

En traitant l'information, l'apprenant construit pour ainsi dire son savoir, un peu à la manière dont se développe le réseau neuronal chez l'humain au gré de ses expériences. L'apprenant est donc actif dans ses apprentissages et en est l'agent principal. Il greffe à ses connaissances antérieures de nouveaux objets de connaissance dont il se fait des représentations. Cela produit un nouveau corpus de connaissances qui vient modifier et enrichir les corpus existants.

Apprentissage stratégique

Dans cette perspective, apprendre est un processus orienté vers une fin – généralement un problème à résoudre ou une question à laquelle répondre – qui commande l'essai de différentes stratégies par l'apprenant (raisonnement, tâtonnement, essais-erreurs, association, comparaison, mémorisation, calcul, etc.). Habituellement, une stratégie implique des choix d'action. L'évaluation des options et l'expérimentation de l'une ou l'autre de celles-ci constituent les activités principales d'un processus d'apprentissage.

Enseignement par médiation

Les éléments de l'approche cognitiviste que nous venons de souligner laissent à penser que l'enseignant court-circuite l'essentiel du processus d'apprentissage s'il se contente de gaver l'apprenant de ses connaissances. En fait, pour être lui aussi actif dans le processus d'apprentissage de ses élèves, l'enseignant doit d'abord se concentrer sur un rôle de média- teur entre l'apprenant, avec ses connaissances antérieures, et les nouveaux objets de connaissance à acquérir par ce même apprenant. Il doit pouvoir fournir à ce dernier des informations pertinentes, mais au besoin seulement ; il doit lui présenter quel- ques options et lui en laisser découvrir d'autres ; il doit encou- rager et motiver l'apprenant dans ses réussites comme dans ses échecs ; enfin, il doit évaluer davantage le processus qui conduit au savoir plutôt que ce dernier lui-même, en insistant par exemple sur la rétroaction régulière en cours d'apprentissage.

Le courant cognitiviste aura été en quelque sorte la pierre d'assise d'un autre courant de pensée fort populaire actuelle- ment en sciences de l'éducation et que l'on nomme le « socio- constructivisme ». Reprenant les thèses plus générales du cognitivisme, les socioconstructivistes insisteront davantage sur le rôle des mécanismes interactifs (individu – environnement) dans l'apprentissage.

L'approche socioconstructiviste

Sans vouloir insister indûment sur les distinctions, on peut dire que le terme socioconstructivisme éclaire en fait deux voies d'analyse : la voie constructiviste, d'abord, puis la voie sociale qui s'y greffe.

Ainsi, nous avons mentionné précédemment que, pour les cognitivistes, c'est d'abord l'apprenant qui *construit* son savoir à même ses connaissances antérieures. Les constructivistes comme Lazarus (1990) ou Mandler (1984) soutiennent que les êtres humains apprennent par des *actions* adaptatives, elles- mêmes régulées par des dispositions internes de développe- ment. Selon cette approche nettement piagétienne, l'interaction individu-environnement dans l'apprentissage ne porte ses fruits que dans la mesure où elle se trouve subordonnée aux habi- letés dispositionnelles de l'individu. La maîtrise de ces habiletés va en progressant tout au long du développement individuel et elle se fait selon des étapes largement programmées sur les plans physique, intellectuel et affectif. Sans nier l'importance de l'environnement social dans l'apprentissage, les constructivistes pensent qu'il y a des limites aux actions que peut comprendre et réaliser un individu dans des apprentissages donnés. Influencé à la fois par des modes universels, culturels et même « idiosyncratiques » d'apprentissage, l'individu ne peut apprendre qu'à un certain rythme et qu'à un certain degré de sophistication selon son âge. Toutefois, il est clair que c'est dans l'action – dans des opérations, dirait Piaget – que l'individu apprend le plus efficacement. On comprend vite ici l'impact pédagogique d'une telle approche. Il importe que les enseignants engagent les apprenants dans des productions qui nécessitent des opérations de la pensée à la fois suffisamment complexes pour qu'ils aillent de l'avant dans leur processus d'acquisition de connaissances et suffisamment simples aussi pour que soient respectées leurs limites conjoncturelles de développement. Toutefois, pour que l'apprenant ait des chances de persévérer dans ce type d'apprentissage, il faut lui faire réaliser des productions qui correspondent à ses centres d'intérêt et qui l'engagent affectivement quant aux tâches à accomplir.

En outre, la voie d'analyse dite sociale est venue réaffirmer l'importance des mécanismes interactifs dans l'apprentissage, mais, cette fois-ci, en mettant l'accent sur le rôle de l'environnement social. Inspirés largement des considérations de Vygotsky (1985) selon lesquelles le développement même des fonctions intellectuelles est d'abord de nature sociale et culturelle en ce qu'il s'effectue principalement par le langage, outil de communication par excellence des humains, ceux qui empruntent cette voie soutiennent qu'apprendre n'est possible que par la socialisation au sens où l'on apprend à la fois *des* autres et *avec* les autres. Jonnaert et Vander Borght (1999) ajouteront que la contribution sociale dans l'apprentissage réside aussi dans les caractéristiques de l'environnement dans lequel sera réalisé cet apprentissage. Apprendre par le plaisir, sous la menace, en collaboration, en compétition, etc., n'est pas neutre sur le plan de l'efficacité ni même sur le plan de ce qui est appris. Si cela est juste, il incombera à l'enseignant d'abord et à l'école ensuite de fournir à l'apprenant un contexte d'apprentissage qui favorise le mieux possible la mise à profit de ses habiletés, principalement intellectuelles. C'est dans son rôle de médiateur que l'enseignant incarnera le plus manifestement l'apport du social dans les processus d'apprentissage.

Cognitivisme, socioconstructivisme et apprentissage par projet

Cette présentation à la lumière des fondements théoriques sur lesquels une pédagogie par projet peut prétendre s'appuyer nous conduit à un certain nombre de constats.

Premièrement, dans la réalisation d'un projet, l'apprenant doit traiter plusieurs informations en même temps ou successivement : sujet, éléments de faisabilité, façons d'opérer, matériel nécessaire, échéancier, partage des tâches, règles de fonctionnement, collecte de données, etc. Comme toutes ces informations ne lui sont pas fournies d'emblée, il lui faut se reporter à celles qu'il possède déjà pour accéder à celles-là, que ce soit par induction ou par déduction.

Deuxièmement, le projet incarne bien l'idée que tout savoir procède principalement d'une *construction* de la part de l'apprenant. En effet, en cours d'élaboration et de réalisation de son projet, l'apprenant s'appuie sur la représentation qu'il se fait du «produit» de son projet et il met progressivement en place les éléments pour y parvenir. Toutefois, il arrive souvent que le produit réalisé ne soit pas un fidèle reflet de celui qu'il avait en tête. Et c'est tout à fait dans l'ordre d'une construction : de nouvelles options apparaissent, d'autres s'éliminent ; des imprévus surgissent ; des erreurs sont commises et forcent des ajustements ; le temps ou les coûts réduisent ou augmentent les ambitions, etc. Au total, toutefois, le corpus de connaissances s'est élargi plus ou moins dans le sens attendu. Il y a bel et bien eu apprentissage au sens où les modifications apportées auront produit de nouvelles connaissances désormais accessibles à l'apprenant.

Troisièmement, le projet place aussi les apprenants dans l'*action*. Sous cet angle, il fournit une occasion privilégiée de confirmer le leitmotiv de Dewey selon lequel c'est en agissant qu'on apprend (*learning by doing*). Rappelons toutefois ici que même si le projet est directement orienté vers la réalisation d'un produit, ce n'est pas en lui-même ce produit qui témoigne substantiellement de la réussite de l'apprentissage, mais plutôt le processus même de sa réalisation, c'est-à-dire la série d'actions organisées qu'a accomplies l'apprenant pour y parvenir.

Quatrièmement, par la grande variété de thèmes ou de sujets qui peuvent être considérés pour la réalisation du projet, l'apprenant peut procéder à des apprentissages qui correspondent à ses centres d'intérêt et qui, par voie de conséquence, présentent une signification concrète et utile pour lui. Encore ici, on a une confirmation des propos de Dewey et de Decroly selon lesquels il faut mettre en place une pédagogie « puéricentrée » au sens où l'on doit mettre à l'avant-scène ce qui intéresse l'apprenant.

Enfin, cinquièmement, le projet confirme ou incarne de façon éloquente le changement de paradigme que nous évoquions précédemment en éducation. En plaçant l'apprenant au cœur du projet à réaliser, en le rendant actif et responsable de son projet, en posant la loupe sur la façon dont l'élève réalise son projet plutôt que sur le produit fini, on change véritablement la donne de l'enseignement et on considère celui-ci comme un soutien à l'acquisition des connaissances et non comme une courroie de transmission de ces connaissances. L'enseignant se fait désormais beaucoup plus médiateur qu'orateur, collaborateur que directeur.

À la lecture des pages précédentes, d'aucuns parmi nos collègues enseignants se sont peut-être demandé pourquoi l'apprentissage par projet n'est pas plus répandu dans nos écoles, considérant ses fondements théoriques que nous venons d'évoquer. La question est excellente non seulement par sa pertinence, mais aussi parce qu'elle nous pousse à faire un peu d'épistémologie autour de ces mêmes fondements.

L'apprentissage par projet : perspective critique

Plusieurs raisons peuvent expliquer la relative retenue des enseignants quant à un emploi généralisé de l'approche par projet en pédagogie. Passons outre ici à certaines sophistifications de la pensée formelle qui pourraient nous faire dire, par exemple, que « construire son savoir » est épistémologiquement suspect dans la mesure où tout savoir est *su* et où ce qui est *su*, par définition, ne peut être en train de se construire. Passons outre également au fait que, d'un point de vue méthodologique et scientifique, peu d'études permettent de confirmer hors de tout doute les avantages comparatifs de cette formule pédagogique par rapport à d'autres formules plus ou moins traditionnelles. Un tel constat n'enlève rien à la consistance argumentative que l'on peut observer chez les tenants de cette approche. Il évoque simplement les difficultés majeures auxquelles se heurte la recherche sur le plan méthodologique quand il s'agit de comparer scientifiquemenet l'efficacité de diverses formules pédagogiques. En fait, nous retiendrons plutôt trois raisons principales qui expliquent, à notre avis, pourquoi l'approche par projet n'entraîne pas encore l'adhésion massive des enseignants. La première de ces raisons renvoie à ce qu'on pourrait appeler une crainte de désillusion.

L'intention est généreuse, mais la réalité est avare. À la lecture des différents projets de réforme de programmes en éducation au Québec, il ne faut pas être particulièrement sagace pour voir que, malgré des intentions généreuses, le vocabulaire se fait ronflant pour mieux masquer le clair-obscur qui permettra aux gestionnaires de dire que « les objectifs de formation ont été atteints », alors qu'on n'aura fait que libeller les phrases du rapport d'évaluation de façon qu'elles puissent confirmer cette assertion. L'enseignant qui, chaque jour, doit faire face aux ressources limitées, au matériel insuffisant, aux locaux inadaptés, aux élèves trop nombreux et aux contenus hypertrophiés des programmes de formation sait cela. Il sait que tout le temps qu'il consacrera à revoir son mode d'intervention pédagogique risque de le placer en déficit par rapport aux ressources que l'organisation scolaire est prête à lui consacrer. Il aura dépensé beaucoup trop pour obtenir si peu. Après quelques expérimentations douloureuses, l'enseignant, s'il est rationnel..., ne voudra plus remettre les pieds dans ce qu'il voit comme un piège à ours, à tort ou à raison.

La deuxième raison qui peut expliquer pourquoi certains enseignants hésitent à s'engager dans l'approche par projet est qu'ils ne partagent pas, au moins en partie, certaines de ses affirmations. Deux questions principales peuvent ainsi être ici soulevées : 1) est-il vrai qu'on apprend mieux dans l'action qu'autrement ? et 2) : est-il vrai qu'on apprend mieux quand l'objet d'apprentissage suscite notre intérêt ? La réponse est OUI à ces deux questions, mais avec des nuances importantes.

En ce qui concerne la première question, il est indéniable que le passage par l'action ou par l'activité favorise grandement l'apprentissage. Il est toutefois erroné de prétendre, comme le font certains pédagogues vendus à toute nouveauté, que tout apprentissage doive passer par là. Cette affirmation est erronée, parce que les connaissances elles-mêmes ne sont pas toute « procédurales ». Il en existe aussi qui sont « déclaratives » – distinction empruntée aux cognitivistes spécialistes du langage – nécessaires à toute action, mais pourtant difficilement transmissibles dans l'action. Faut-il absolument divorcer pour savoir ce qu'est le divorce ? On nous accusera ici d'être réducteur, mais le point est néanmoins crucial : comme le notent Bru et Not (1987), à trop insister sur l'activité, on risque d'acquérir des connaissances figées ou étroitement polarisées, ce qui est contraire à la connaissance elle-même qui est extensive et transférable. Quelqu'un peut bien vouloir enrichir son vocabulaire et apprendre les règles de grammaire en produisant un feuillet publicitaire, mais, en choisissant une telle activité, son

25

but même s'en trouve fortement réduit. Dans le domaine de la pensée abstraite, de la conceptualisation et des définitions, certaines notions doivent être maîtrisées, et ce, de façon économique. L'exposé peut servir à cette fin sans qu'il soit nécessaire de recourir à l'action. Il y a plus : une formation complète de l'apprenant doit l'amener à procéder de façon autonome à de tels apprentissages purement conceptuels. Comment faire une analyse littéraire, une critique de conférence, une discussion intelligente *ad lib*, si, pour chacun de ces exercices, on a besoin de l'action-béquille ? En corollaire, il n'est pas nécessaire non plus que toute connaissance soit le fruit d'une *construction* de l'esprit dans l'action. En calcul, que 1 + 1 = 2 au lieu de 3 et, dans l'alphabet, que le V majuscule pointe vers le bas au lieu de vers le haut, ces connaissances déclaratives nous sont livrées pour les apprendre. Au demeurant, s'il fallait que tout apprentissage se focalise sur une activité, ou bien l'étendue de nos connaissances se trouverait passablement limitée, ou bien il faudrait une vie entière pour réussir son primaire !

En ce qui concerne la deuxième question – celle de l'intérêt –, il est indéniable qu'on apprend mieux quand l'objet d'apprentissage nous intéresse. Mais, là aussi, il faut nuancer. Dans un monde idéal, tout apprentissage devrait, bien sûr, procurer du plaisir et répondre à des besoins ou à des désirs correspondant à notre intérêt. Mais il s'agit bien là d'un monde «idéal» et, ajouterons-nous, irréel. Dans la vie, de nombreux apprentissages sont nécessaires et, en même temps, peu intéressants. Apprendre à changer les couches souillées des bébés, à faire le tri des ordures, à vivre un deuil ou une rupture amoureuse, à soigner des personnes gravement blessées, à respecter des contraintes de travail, à perdre dans la compétition, à vivre des frustrations par rapport à des besoins ou à des désirs non satisfaits, voilà autant d'occasions d'apprentissage que nous offre la vie courante et dont on se passerait volontiers si on pouvait procéder à ces mêmes apprentissages sans payer le prix d'expériences aussi peu intéressantes, voire douloureuses. Tant mieux si l'on peut apprendre dans le plaisir et en accord avec nos centres d'intérêt. Mais poser cela comme condition *sine qua non* de toute pratique pédagogique, c'est nier que bien des apprentissages demandent l'effort. Or, ce dernier ne se conjugue pas toujours avec l'intérêt. C'est probablement l'un des drames les plus douloureux que vivent plusieurs pédagogues aujourd'hui dans leur classe : ils auront beau s'adonner aux bouffonneries les plus amusantes, cultiver l'effet-surprise, ils se heurtent parfois à des élèves « qui ont décidé » que l'école ne les intéressait pas, peu importe laquelle. À l'intention de ces pédagogues, on peut bien essayer d'allonger encore la liste de suggestions, mais il faudrait éviter de les accuser de ne pas savoir susciter l'intérêt des élèves. Au risque de décevoir tous ceux et celles qui ne veulent apprendre que dans le plaisir et sans efforts, nous dirons que la classe peut certes être plus amusante qu'elle ne l'est parfois dans la pratique traditionnelle, mais elle n'est pas et ne doit pas être une salle de jeux. Penser cela, c'est cultiver la confusion des genres.

Enfin, une troisième raison qui pousse certains enseignants à hésiter avant d'adopter une formule comme celle de la pédagogie par projet est le constat qu'ils font qu'en réalité les pratiques traditionnelles n'ont pas raté le coche par beaucoup. Une bonne partie du corps enseignant actuel, des intellectuels, des hommes et des femmes de sciences, des gestionnaires, des professionnels, etc., de la génération des « babyboomers » ont été formés dans un contexte pédagogique tout à fait traditionnel, ce qui ne les a pas empêchés de faire œuvre de distinction ou de « s'en tirer » honorablement. Nous disons cela non pas pour nous faire le défenseur de la méthode traditionnelle, ni pour résister aux nombreux changements proposés par la pédagogie différenciée. Pour la plupart – et c'est le cas en ce qui concerne la pédagogie par projet – ces changements sont justifiés et nécessaires, parce que le profil des apprenants d'aujourd'hui et le contexte ont changé. Nous disons cela plutôt pour prendre nos distances par rapport au procès abusivement sévère que font certains pédagogues à des méthodes traditionnelles comme, par exemple, l'exposé. Nous partageons en fait l'avis de plusieurs auteurs voulant qu'en pédagogie, il ne puisse y avoir qu'une seule voie valable d'intervention. Les besoins de formation varient ; les caractéristiques des apprenants aussi ; les contextes d'apprentissage diffèrent ; les objets d'apprentissage également, etc. Cette grande variabilité des composantes du monde de l'enseignement et de l'apprentissage force le pédagogue d'aujourd'hui à remplir son coffre à outils et donc à disposer de plusieurs formules pédagogiques susceptibles non pas de se faire concurrence pour la consécration finale, mais plutôt de se compléter pour favoriser une plus grande adaptation de la méthode d'enseignement aux apprentissages souhaités.

Quand on a compris cela, on a compris qu'enseigner et apprendre participent d'une dynamique complexe : celle du développement humain. Il serait naïf ou prétentieux de croire qu'on peut comprendre celui-ci en cultivant le monolithisme dans la pensée et dans la pratique. Comme nous le verrons dans le reste de cet ouvrage, l'apprentissage par projet est porteur de grands espoirs en pédagogie. Mais son efficacité est en grande partie tributaire de son arrimage réussi avec d'autres formules pour compléter et enrichir à la fois la formation globale de l'apprenant. Dans cette perspective, on ne peut qu'encourager tout enseignant à tenter l'aventure du projet.

Chapitre 2

Définition
et caractérisation

Définition

En philosophie analytique ou en philosophie du langage la définition d'un terme ou d'une expression consiste en l'établissement des conditions nécessaires et suffisantes pour qu'un « objet » quelconque puisse être nommé par ce terme et uniquement par celui-ci.

Cette conception de la définition, au demeurant plutôt rigoureuse, possède le mérite de susciter notre vigilance avant que nous acceptions n'importe quelle formulation prétendant définir ce qu'est l'apprentissage par projet. Or, en cette matière, notre revue de littérature laisse voir un foisonnement de propositions définitionnelles qui sont loin d'avoir une égale valeur tant dans leur mérite que dans leur faiblesse. Après avoir présenté succinctement quatre définitions, nous en proposons une qui, nous l'espérons, marquera une contribution utile à la discussion.

Ainsi, pour Arpin et Capra (2001), l'apprentissage par projet est :

> [...] une approche pédagogique qui permet à l'élève de s'engager pleinement dans la construction de ses savoirs en interaction avec ses pairs et son environnement et qui invite l'enseignante à agir en tant que médiateur pédagogique privilégié entre l'élève et les objets de connaissance que sont les savoirs à acquérir. (p. 7)

Cette définition a le mérite de mettre en évidence la condition interactive dans laquelle l'apprentissage par projet a toutes les chances de remplir ses promesses d'efficacité. Elle reste toutefois plutôt muette sur ce qui peut être considéré comme un *projet* en matière d'apprentissage et de pédagogie.

Pour Bordallo et Ginestet (1993), l'apprentissage par projet commande d'abord une définition du terme « projet ». Pour eux, un projet est :

> [...] le détail ordonné, la prévision de ce que l'on entend faire ultérieurement : le schéma mis en forme logique de ce qui est anticipé. (p. 8)

C'est une pratique courante dans la littérature pédagogique de mettre l'accent sur ce qu'est ou devrait être un *projet* en matière de pédagogie. Pour compréhensible qu'apparaisse cette insistance, on ne doit pas oublier qu'en tant que formule pédagogique l'apprentissage par projet prend tout son sens dans l'acte d'apprendre proprement dit. Cela constaté, la définition de Bordallo et Ginestet a le mérite notable de mettre en relief la condition d'une approche systématique et structurée du projet d'apprentissage.

Selon Philippe Perrenoud (1999), une démarche de projet est :

> une entreprise collective gérée par le groupe-classe qui s'oriente vers une production concrète ; qui induit un ensemble de tâches dans lesquelles tous les élèves peuvent s'impliquer et jouer un rôle actif pouvant varier en fonction de leurs moyens et de leurs intérêts ; qui suscite l'apprentissage de savoirs et de savoir-faire de gestion de projet ; qui favorise en même temps des apprentissages identifiables figurant au programme d'une ou plusieurs disciplines. (p. 3)

On reconnaîtra dans cette définition le souci du détail et de la précision qui habite cet auteur bien connu en sciences de l'éducation. Malgré un caractère par trop expansif, du moins aux yeux de certains, cette définition établit clairement que l'apprentissage par projet prend d'abord forme et sens dans une activité concrète, tangible et qui donne lieu à une production. Elle force le passage de l'intention à l'action et, par suite, au résultat. C'est certainement là sa contribution majeure.

Enfin, pour Chamberland, Lavoie et Marquis (1995), le projet est une :

> Application et intégration d'un ensemble de connaissances et d'habiletés dans la réalisation d'une œuvre. (p. 111)

On peut constater ici que le point de vue de ces auteurs est délibérément large et approche la notion de « projet » en général. Leur insistance porte sur l'utilisation et la maîtrise des connaissances et des habiletés au moyen d'une production.

Pour notre part, nous proposerons une définition qui se rapporte à l'expression entière « apprentissage par projet » et nous tenterons de faire ressortir le plus clairement possible ce que l'on doit entendre par cette formule. L'apprentissage par projet est donc :

> un processus systématique d'acquisition et de transfert de connaissances au cours duquel l'apprenant anticipe, planifie et réalise, dans un temps déterminé, seul ou avec des pairs et sous la supervision d'un enseignant, une activité observable qui résulte, dans un contexte pédagogique, en un produit fini évaluable.

Cette définition reprend un bon nombre d'éléments apparaissant dans les définitions antérieures, mais elle les place pour ainsi dire en concomitance en les situant délibérément et explicitement dans un contexte pédagogique d'apprentissage scolaire. Sans prétendre que les éléments qui composent cette définition en constituent les seules conditions nécessaires et suffisantes pour que l'on puisse parler d'apprentissage par projet, nous pensons néanmoins que, lorsque ces éléments se trouvent tous réunis dans une même formule pédagogique, il apparaîtrait téméraire de vouloir soutenir qu'il ne s'agit pas là d'un « apprentissage par projet ». Le sens commun, nous semble-t-il, plaide en faveur d'une telle compréhension.

Reprenons maintenant un par un les éléments clés de cette définition pour arriver à une caractérisation plus explicite de ce qu'est l'apprentissage par projet. La figure 1 à la fin du chapitre illustre de façon schématique les éléments définitionnels caractéristiques de cette formule.

Caractérisation

Un processus systématique

L'apprentissage par projet ne résulte pas de la mise en œuvre magique et instantanée d'une idée, tout aussi immédiate. De l'émergence de cette idée à la conceptualisation d'un projet, de cette même conceptualisation à la réalisation du projet, des étapes devront être franchies, et ce, dans un ordre progressif. On apprend rarement par la grâce d'un éclair, surtout pas en pédagogie. L'apprentissage par projet n'échappe pas à cette règle. Même si dans le projet, il y a place pour les idées intuitives, le tâtonnement et l'essai-erreur, la conduite et la mise à terme réussie d'un projet exigent que l'on ordonnance tôt ou tard de tels éléments dans un processus qui possède une logique interne et qui se déroule de façon plutôt systématique.

... d'acquisition et de transfert de connaissances

Il va de soi que si l'on « apprend par projet », alors, forcément, on acquiert des connaissances par les projets. C'est là un truisme. Cela dit, deux remarques :

– D'abord, tout projet réalisé ne conduit pas nécessairement à un apprentissage. Je peux avoir comme projet ce soir de « rouler » mes pièces de monnaie accumulées ou d'aller faire une randonnée en vélo sans que résultent d'un tel projet des apprentissages significatifs du point de vue de nouvelles connaissances acquises. En tant que formule pédagogique, l'apprentissage par projet exige une acquisition de connaissances qui figure elle-même comme une visée de la formule et qui est, au moins en partie, assez bien définie. Il faut exclure de l'apprentissage par projet qu'il se fasse à l'aveugle ou «pour voir ce que cela va donner».

- Ensuite, l'une des principales richesses de cette formule est qu'elle facilite la mise à profit de connaissances, déjà acquises, dans des productions tangibles ou dans des activités concrètes (ce que l'on appelle dans le jargon des sciences de l'éducation, le transfert des connaissances). Non seulement l'apprenant est-il appelé à se servir des connaissances qu'il possède déjà pour réaliser son projet, mais il pourra également utiliser les connaissances acquises par projet ou en cours de projet pour les appliquer ensuite à d'autres situations de la vie courante. On assiste donc ici à un double transfert de connaissances : l'un en amont du projet à réaliser, l'autre en aval du projet réalisé.

... où l'on anticipe, planifie et réalise

Comme on le verra en détail plus loin, nous retrouvons ici, dans ces trois termes de la définition, les trois grands moments de l'apprentissage par projet en tant que processus systématique d'acquisition de connaissances. De fait, si le projet est, dans ses racines étymologiques mêmes, une lecture de soi dans le futur à travers une intention ou un désir, on conçoit bien alors que tout projet demande au départ qu'une fonction intellectuelle comme l'anticipation soit mise à contribution. Une telle faculté est primordiale dans l'apprentissage par projet, parce que c'est elle qui, alimentée par la réflexion, permettra à l'apprenant d'évaluer entre autres la faisabilité du projet et ses effets.

L'exercice d'anticipation, une fois réalisé en substance, conduit à la planification du projet, c'est-à-dire à un travail de préparation de sa mise en œuvre. C'est là essentiellement que le projet commence à se présenter dans une forme plus systématique, caractéristique de sa dimension procédurale.

Enfin, l'apprentissage par projet se distingue aussi par la place qu'on y accorde au fait d'apprendre dans l'action, dans la réalisation d'un « produit ». Même si, à proprement parler, le produit n'est pas la finalité ultime de l'apprentissage par projet, il en est un passage obligé qui distingue notamment cette formule d'autres comme les groupes de discussion ou le travail en équipe. C'est par cette forme d'apprentissage que l'apprenant peut évaluer de façon tangible non seulement ses capacités et ses aptitudes, mais aussi la possibilité qu'il a de les faire évoluer et de les mettre à profit dans sa vie actuelle ou future. Ce souci pragmatique inhérent à l'apprentissage par projet ne nie pas l'apprentissage dans l'abstraction. Très souvent, il en constitue même un aboutissant « naturel », désiré par l'apprenant qui veut voir « à quoi ça sert ». Il possède en ce sens un effet motivant indéniable.

... dans un temps déterminé

S'il est vrai qu'on n'a jamais fini d'apprendre ou qu'on apprend à tout moment, cette réalité ne correspond certainement pas à l'apprentissage par projet. Bien sûr, cette formule, comme beaucoup d'autres, demande à s'appliquer dans un temps défini ; mais, dans l'apprentissage par projet, l'apprenant doit pouvoir en arriver à estimer lui-même le temps dont il aura besoin pour mener à terme son projet. Une telle évaluation est non seulement nécessaire pour la conduite du projet lui-même, mais elle constitue, dans les faits, un apprentissage crucial pour l'individu. Combien d'idées généreuses en éducation sont « mortes au Feuilleton » parce que les auteurs n'avaient pas su bien évaluer le temps nécessaire pour qu'elles portent leurs fruits ? Dans l'habileté à faire des lectures réalistes de diverses situations que développe l'apprentissage par projet, la mesure adéquate du temps requis est loin d'apparaître comme secondaire ou futile. C'est en partie cette mesure qui assure la fécondité de l'idée ou du projet à naître.

... seul ou avec des pairs

Dans son caractère de souplesse ou de flexibilité, l'apprentissage par projet peut s'exercer individuellement ou en collaboration avec des pairs. Toutefois, pour des raisons que nous évoquerons ultérieurement, il est souvent plus commode et plus profitable de retenir des projets réalisables d'abord collectivement ou en collaboration plus ou moins restreinte.

... sous la supervision d'un enseignant

Bien que, dans l'apprentissage par projet, la place et le rôle de l'enseignant apparaissent plutôt discrets, on aurait tort de considérer leur importance comme secondaire. Comme il a été mentionné antérieurement, si l'apprentissage par projet est bel et bien une formule « pédagogique », alors, dans son utilisation, le pédagogue y trouve à la fois sa légitimité et sa nécessité. En cette matière, les termes « discrétion » et « importance » se situent dans des registres différents. Le rôle plus discret de l'enseignant dans cette formule ne le condamne pas pour autant celui-ci à être moins important dans l'apprentissage de ses élèves, et c'est d'autant plus vrai quand la formule est utilisée chez des apprenants en bas âge, par exemple au primaire. Au demeurant, même à l'enseignement supérieur universitaire, qui oserait nier le rôle primordial qu'exerce le superviseur ou le directeur de thèse dans la conduite et l'aboutissement réussis des recherches de maîtrise ou doctorales, lesquelles constituent à n'en pas douter et en substance des projets personnels dans un contexte d'apprentissage.

... une activité observable

Comme l'apprentissage par projet suppose à terme la réalisation d'un produit, il est nécessaire qu'en cours de processus on puisse voir progressivement prendre forme ce produit. Cela sera rendu possible par le caractère observable des activités inhérentes au projet. Ce ne sont pas tous les apprentissages qui commandent la présence de telles activités observables.

Apprendre à compter, à évaluer, à mémoriser, à anticiper, à raisonner, etc., peut très bien se faire sans que l'agent soit « reconnu » dans de tels apprentissages. Il n'en va pas de même pour l'apprentissage par projet. Celui-ci se caractérise par le fait qu'il se déroule par et à travers des activités dont le caractère observable permettra en quelque sorte non seulement de prédire la réussite ou non du projet, mais aussi et surtout d'en assurer une supervision efficace, notamment sur le plan de la rétroaction.

... en un produit fini évaluable

Nous avons précisé antérieurement qu'une des caractéristiques de l'apprentissage par projet est qu'il s'alimente à même la réalisation d'un produit fini tangible. Pour éviter la répétition, nous ne reviendrons pas sur cette caractéristique, sinon pour ajouter qu'un tel produit doit, dans un contexte pédagogique, être évaluable. Il ne faut jamais oublier ici que nous sommes dans un contexte d'enseignement et d'apprentissage. En conséquence, ce ne sont pas toutes les idées de projets qui sont les bienvenues en ce domaine. Si, par exemple, en référence à l'apprentissage d'attitudes, un groupe-classe entier se donnait comme projet collectif d'augmenter l'esprit d'équipe ou le sentiment d'appartenance dans la classe, comment au juste évaluerait-on cela ? Il serait certes possible d'observer des activités de nature à favoriser l'émergence d'un tel esprit, mais comment évaluer fidèlement l'esprit lui-même (le produit) ? Il importe d'avoir bien en vue cette exigence du caractère évaluable du produit avant de se lancer dans la réalisation d'un projet à des fins d'apprentissage en contexte pédagogique. Faute de quoi non seulement la rétroaction, si utile dans l'apprentissage, fera défaut, mais la crédibilité même de la formule pourrait aussi être mise en cause dans sa reconnaissance officielle ou institutionnelle.

Voilà comment, en termes de définition et de caractérisation, on peut en arriver à cerner de façon assez satisfaisante, à notre avis, ce que l'on doit entendre par la formule pédagogique que l'on nomme l'«apprentissage par projet». La figure 1 nous résume sous forme schématique les éléments définitionnels de cette formule. Pour l'illustrer avec encore un peu plus de précision, on peut essayer brièvement d'insérer la formule dans le cadre typologique élaboré par Chamberland, Lavoie et Marquis. Ce sera l'objet des pages qui suivent.

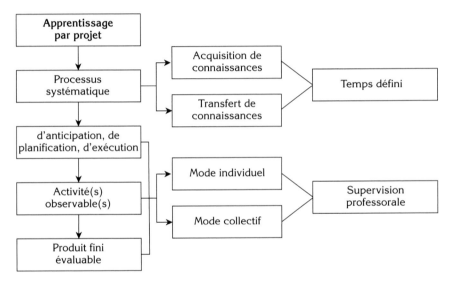

Figure 1 : *L'apprentissage par projet :*
éléments caractéristiques de définition

Chapitre 3

Situation typologique de l'apprentissage par projet

Si l'on se réfère à une typologie des approches pédagogiques comme celle présentée par Chamberland, Lavoie et Marquis (1995) dans leur ouvrage intitulé *20 formules pédagogiques*, on constatera d'entrée de jeu que l'apprentissage par projet, comme formule pédagogique, s'inscrit dans une approche fortement pédocentrée, plutôt sociocentrée et moyennement médiatisée. La figure 2 illustre ce constat.

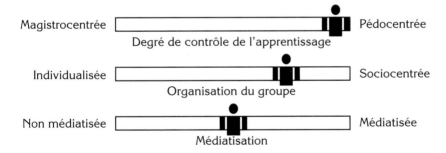

*Figure 2 : **Situation typologique de l'apprentissage par projet***

D'abord, l'apprentissage par projet est une formule pédagogique qui s'inscrit dans une approche fortement *pédocentrée* dans le sens où, comme nous l'évoquions dans le premier chapitre, cette formule constitue à l'heure actuelle un témoin fort du déplacement d'objectif qui s'est opéré dans l'histoire de la pédagogie en passant progressivement de l'enseignant à l'apprenant comme agent premier de formation. Effectivement, dans la mesure où, dans l'apprentissage par projet, ce sont les apprenants eux-mêmes qui sont appelés à choisir, à concevoir et à réaliser les projets d'apprentissage, il coule de source que c'est d'abord sur eux que la focalisation doit se faire. Bien sûr, comme nous l'avons déjà relevé dans un ouvrage antérieur (Proulx, 1999), on trouve dans cette affirmation un certain truisme au sens où, en dernier ressort, ce ne sont toujours que les apprenants qui se forment eux-mêmes par leurs efforts. On aura toutefois compris ici que, selon les auteurs de la typologie présentée, une formule pédagogique est d'autant moins pédocentrée qu'elle laisse à l'enseignant le pouvoir et le contrôle sur pratiquement l'ensemble des paramètres externes qui nourrissent le processus d'apprentissage, fût-il par nature « idiosyncratique ». Comme c'est loin d'être le cas dans l'apprentissage par projet – beaucoup s'en faut –, on peut affirmer sans trop craindre de se tromper qu'il s'agit là d'une approche fortement pédocentrée. Cela dit, on aurait tort de conclure à un rôle passif de l'enseignant dans cette formule pédagogique. En effet, en évitant de sombrer dans des querelles sémantiques et même si l'on doit reconnaître que, dans l'apprentissage par projet, l'apprenant est certes le plus actif des agents, il demeure que l'enseignant est très présent à chacune des étapes de la réalisation du projet – du choix à l'évaluation. Non seulement se tient-il à la disposition des apprenants, mais il les conseille, les influence, parfois les dirige, les informe, etc. Bref, il assume clairement le rôle du vrai pédagogue de l'Antiquité. D'autres formules pédagogiques, par exemple *le travail en équipe*, font moins appel à une intervention aussi constante et manifeste de l'enseignant. S'il en est ainsi, c'est que dans sa nature même, le projet amène le risque et l'incertitude, comme le note avec à-propos Boutinet (1993). Il est aussi exposé à des contraintes qui, aux yeux des apprenants, apparaîtront souvent insurmontables. La maturité, l'expérience et les connaissances de l'enseignant ou de l'enseignante s'avèrent dans un tel contexte des ressources indispensables pour l'apprenant même si celui-ci tient bel et bien la barre de son apprentissage dans cette formule.

Ensuite, nous dirons que l'apprentissage par projet s'inscrit dans une approche plutôt *sociocentrée* de la pédagogie au sens où, dans la majorité des cas, il place l'apprenant dans une situation constante d'interaction et de communication interpersonnelle, principalement avec ses pairs et avec son enseignant, mais aussi avec des gens de l'extérieur à qui il devra s'adresser dans la poursuite de son projet, qu'il partage du reste avec un groupe. Bien sûr, il n'est pas exclu qu'un projet puisse se réaliser sur une base individuelle, ce qui réduirait du coup sa dimension sociocentrée. Toutefois, pour des raisons que nous évoquerons plus loin, les projets exclusivement individuels s'insèrent moins bien dans une formule pédagogique systématique d'apprentissage par projet, à moins évidemment d'étendre l'acception de cette formule à tout microprojet qui, inévitablement, vient s'associer aux processus généraux de formation. L'ampleur des projets, leur portée, les ressources qu'ils mobilisent, les objectifs qu'ils poursuivent font en sorte que, dans un usage systématique de l'apprentissage par projet, il faut considérer le groupe restreint ou élargi comme base principale de réalisation du projet. En cela, la formule s'inscrit bel et bien dans une approche plutôt sociocentrée de la pédagogie.

Enfin, nous mentionnerons que, même si l'apprentissage par projet réclame assez fréquemment, sur le plan de sa logistique, l'usage de divers médias technologiques, un tel usage n'est pas explicitement requis par la formule elle-même. On peut très bien réaliser de nombreux projets en situation d'apprentissage scolaire sans faire appel à ces médias. Toutefois, si nous affirmons malgré cela que l'apprentissage par projet s'inscrit dans une approche moyennement *médiatisée* en pédagogie, c'est que, par nature dirions-nous, l'apprentissage par projet s'accommode mal d'une dynamique qui ne s'ouvrirait pas à une communication extérieure. Dans sa réalisation même, un projet exige souvent la communication de son produit comme condition. En ce sens, à un moment où l'autre de sa réalisation, il arrive fréquemment que se pose la question de sa médiatisation.

La table est maintenant mise pour un examen des divers types de projets que l'on peut retrouver sous cette position typologique générale.

Chapitre 4

Les types de projets

En exagérant un peu le propos, nous pourrions presque dire «autant d'idées, autant de projets», et cela nous dissuaderait vite de chercher à établir quelques distinctions dans les types de projets possibles en apprentissage scolaire. Pourtant, des critères de différents ordres nous permettent de grouper des projets entre eux. Il est possible de le faire, par exemple, soit :

– selon l'étendue temporelle des projets : projets à court, moyen et long terme ;

– selon leurs auteurs (en nombre) : projets individuels, d'équipe et de classe ;

– selon la nature de l'activité principale d'apprentissage : projets de production, de communication, d'organisation, etc. ;

– selon leur dimension plus ou moins politique ou stratégique : projet d'établissement, projet éducatif, projet pédagogique et projet de formation.

Évidemment, on comprendra aisément ici que ces différents types de projets ne sont ni présentés en ordre optimal, ni mutuellement exclusifs. Par conséquent, il sera moins question dans ce chapitre d'une typologie étanche que de perspectives différentes à partir desquelles on peut envisager la nature des projets en pédagogie. Reprenons donc dans l'ordre les distinctions présentées dans les lignes précédentes.

Selon l'étendue temporelle

À l'intérieur d'une année scolaire, les projets peuvent bien sûr varier dans le temps exigé pour leur réalisation. De façon arbitraire, nous dirons que les projets qui se font sur une période de une à deux semaines sont des projets *à court terme*, ceux qui s'étendent sur une période de trois à vingt semaines sont plutôt *à moyen terme*, alors que ceux qui demandent pratiquement toute l'année scolaire sont considérés comme étant *à long terme*.

Les projets à court terme

Les projets à court terme sont certainement les plus « faciles à gérer » sur le plan pédagogique tant pour l'apprenant que pour l'enseignant. Ils correspondent en quelque sorte à ce que l'on pourrait appeler des « microprojets ». On doit d'ailleurs reconnaître que l'utilisation de tels projets en apprentissage scolaire n'a pas attendu qu'une approche pédagogique explicite comme celle de l'apprentissage par projet lui confère son droit de cité avant de s'exercer. Tous les enseignants et enseignantes qui ont à cœur de dynamiser et de concrétiser leur stratégie d'enseignement ont, tôt ou tard et souvent, fait appel à ce type de projets.

C'est le cas quand on demande à des élèves d'apporter au prochain cours d'histoire des suggestions pratiques de méthodes ou de moyens à utiliser en classe pour mieux connaître comment vivaient nos ancêtres au Québec. La collecte de photos de famille par exemple pourrait s'avérer, à cette fin, une heureuse suggestion des apprenants. Toutefois, une véritable approche par projet demande un temps d'investigation et de réalisation plus grand pour porter tous ses fruits. En succession, non seulement les microprojets peuvent revêtir un caractère essoufflant, mais ils comportent aussi le risque de manquer de consistance entre eux et donc de susciter des apprentissages en grains de chapelet qui dégagent peu de sens ou d'intention pédagogique.

Les projets à moyen terme

Les projets à moyen terme figurent en quelque sorte comme un maillon central dans une démarche d'apprentissage structurée et prolongée. À lui seul, ce type de projets ne satisfait généralement pas toute l'intention pédagogique, mais il en est l'appui principal. Généralement, les projets à moyen terme s'apparentent aux projets à long terme, exception faite de leur durée. Ils s'en distinguent toutefois aussi en ce qu'ils préparent la table, pour ainsi dire, à d'autres activités pédagogiques qui viendront renforcer l'apprentissage visé. Par exemple, un professeur d'éducation physique pourrait suggérer à des groupes d'élèves de préparer un mini-spectacle de danse rythmique, un autre de force musculaire, un d'agilité et de rapidité d'exécution dans une activité sportive, etc. Ces mini-spectacles seraient ensuite utilisés dans une partie de cours subséquente comme bases d'illustration d'informations plus formelles ou théoriques sur le fonctionnement des principaux muscles de l'organisme, sur la coordination motrice, sur les fonctions réflexes, etc. Mieux encore, cet enseignant pourrait même demander à ses groupes d'élèves qu'ils lui suggèrent des idées de projets facilitant l'acquisition des connaissances identifiées. On voit donc ici que c'est un rôle généralement intermédiaire qu'exerce le projet à moyen terme dans une séquence d'apprentissage prolongée et relativement substantielle. L'enseignant qui utilise dans sa pratique les projets à moyen terme doit donc avoir au préalable une idée assez précise non seulement du produit attendu du projet et de ses buts visés, mais aussi de la façon dont il compte récupérer les apprentissages réalisés dans la formation plus étendue qu'il doit assurer aux apprenants. C'est pour cette raison qu'un projet à moyen terme ne devrait pas en principe terminer une année scolaire, mais plutôt s'insérer dans une structure d'enseignement où la distinction entre les objectifs spécifiques, intermédiaires et terminaux d'enseignement est pédagogiquement bien établie, avec la place du projet à moyen terme bien déterminée eu égard à ces objectifs.

Les projets à long terme

En corollaire, les projets à long terme se prêtent bien – mais ce n'est pas nécessairement la règle – à un temps de réalisation qui s'échelonne sur toute l'année scolaire puisqu'ils représentent souvent en eux-mêmes un objectif terminal ou une compétence complète à atteindre. Leur réalisation et la démarche qui y conduit garantissent, à différents degrés, l'atteinte de la compétence recherchée. C'est d'ailleurs pour cette raison particulière que le projet à long terme demande du temps. En général, il ne vise pas des objectifs ou des compétences secondaires, mais plutôt des objectifs centraux dans la formation scolaire de l'apprenant, à l'intérieur d'une année et d'une discipline données. Supposons, par exemple, qu'une des compétences principales d'un cours d'anglais au secondaire soit d'amener l'apprenant à démontrer qu'il peut communiquer de façon autonome et efficace avec son entourage dans la langue seconde, et ce, dans un domaine de la vie courante. Un groupe d'apprenants pourrait très bien, dans une telle visée, élaborer un projet de kiosque touristique sur une région donnée et l'exploiter, par exemple, durant toute une fin de semaine dans un environnement où l'usage de la langue seconde serait de mise. Un tel projet n'aurait pas besoin de « suites » en termes d'apprentissage ou de pédagogie. Sa réalisation témoignerait en elle-même de la maîtrise de la compétence. Voilà pourquoi, en général, les projets à long terme doivent être des projets assez substantiels, relativement exigeants et complets en soi eu égard aux objectifs visés.

Selon le nombre d'auteurs

En principe, aucune règle ne prescrit qu'un projet doive être réalisé sur une base individuelle, d'équipe ou de classe. En pratique, toutefois, on ne passe pas de l'un à l'autre avec la même aisance.

Les projets individuels

Des auteurs comme Bru et Not (1987) considèrent qu'il serait regrettable de délaisser ou de négliger les projets individuels au nom d'une pédagogie groupale qui commence à souffrir de gourmandise. Selon eux, de tels projets ont leur place en pédagogie et ils ne voient pas de contre-indication à leur usage. Sur le fond de la question, ils ont probablement raison. Mais la vertu doit souvent se contenter de l'imperfection.

Signalons d'abord que les projets – surtout ceux qui sont à moyen et à long terme – apparaissent la plupart du temps comme des projets substantiels, qui poursuivent plusieurs objectifs, font appel à des habiletés variées, exigent des connaissances diverses et nécessitent l'exécution de plusieurs tâches différentes. L'apprenant seul est en général loin d'être un homme-orchestre capable de répondre à toutes ces demandes. En ce sens, les projets réalisés par plus d'un apprenant apparaissent avantageux.

De plus, dans le contexte des ratios actuels maître-élèves, on peut sérieusement douter qu'un enseignant puisse superviser avec grande attention et efficacité de 25 à 30 projets individuels dans une classe. Il pourrait toujours le faire dans le cas de microprojets à court terme, mais il serait probablement vite dépassé dans le cas de projets substantiels.

Des problèmes de logistique risquent en outre de se poser dans une classe à projets individuels : aires de travail insuffisantes, matériel en quantité limitée, temps de supervision ou de présentation trop court pour répondre aux besoins de chacun, etc.

Enfin, s'il est vrai que l'apprentissage par projet développe de façon intentionnelle ou à la marge des habiletés aux relations interpersonnelles, pourquoi donc s'en priverait-on ? Nous ne renonçons pas aux projets individuels et nous reconnaissons tout à fait leur légitimité. Nous disons simplement que leur usage est soumis à plusieurs contraintes et qu'ils se révèlent plus appropriés pour des activités d'apprentissage réduites et à court terme. Voilà pour les réserves. Cela dit, dans le contexte d'activités d'apprentissage restreintes que nous venons d'évoquer, il est clair que les projets individuels ont aussi leur utilité en pédagogie. Non seulement permettent-ils d'assurer que l'intérêt de *tous* les apprenants dans une classe sera pris en compte – ce qui pourrait ne pas être le cas dans les projets collectifs –, mais ils assurent aussi que chacun des apprenants pourra mettre à contribution certaines de ses habiletés et en développer d'autres à même son projet individuel. De ce fait, la formule du projet aura pour ainsi dire été optimisée dans sa prétention à rejoindre chacun des élèves dans les apprentissages à réaliser.

Les projets d'équipe

Dans un ouvrage antérieur (Proulx, 1999), nous avons discuté en détail des avantages et des limites du travail en équipe sur les plans de l'apprentissage et de la pédagogie. Nous ne reprendrons donc pas ces propos ici. Nous dirons plutôt que dans le contexte actuel de l'organisation scolaire, les projets d'équipe sont probablement les types de projets les plus fonctionnels et les plus faciles à implanter dans une pédagogie repensée. En même temps qu'ils enrichissent la formation des apprenants par leur diversité, ils réduisent de beaucoup la somme des exigences ou contraintes particulières inhérentes aux projets individuels et ils exposent moins l'apprenant à un certain monolithisme qui pourrait résulter ou s'échapper des projets de classe.

Les projets de classe

Les projets de classe sont des projets qui, sur le plan du contenu d'apprentissage, s'appuient sur un dénominateur commun à toute la classe. Dans une certaine mesure, ils focalisent l'attention des apprenants et mobilisent leur énergie vers une même cible. Par exemple, dans un cours de géographie, tout un groupe-classe pourrait être amené à établir une carte géographique des populations selon leur race, leur religion, leur territoire, leur instruction, leur condition économique, etc. Certes, on le voit bien ici, un tel projet peut être découpé en différentes parties susceptibles d'intéresser des petits groupes d'apprenants. Il demeure toutefois que le produit attendu est le même pour tous : une carte géographique des populations. On comprend alors qu'une dynamique d'interdépendance et de complémentarité à instaurer aura vite fait de s'imposer aux personnes engagées dans ce projet. Le bénéfice attendu peut être très manifeste, mais les obstacles de parcours plus nombreux, chacun ne travaillant pas au même rythme ni avec la même facilité en matière de ressources. Les projets de classe ambitieux méritent d'être encouragés, mais le danger de « mettre tous ses œufs dans le même panier » est réel. Il faut donc à cet égard, concevoir des projets suffisamment souples et larges pour que la plupart des objectifs de contenu d'un cours puissent s'y insérer efficacement.

Selon la nature de l'activité principale d'apprentissage

Comme la plupart des projets poursuivent plusieurs objectifs d'apprentissage et, partant, appellent à diverses tâches pour leur réalisation, il devient possible de les distinguer sommairement par rapport à l'activité principale d'apprentissage qu'ils sollicitent. Peu d'auteurs, toutefois, ont exploité cette veine.

Dans un ouvrage publié en 1971, Palmade présente sous cet angle une classification de W.H. Kilpatrick qui nous paraît intéressante, mais que nous modifierons quelque peu dans l'appellation de la troisième catégorie de projets selon cette classification.

Les projets de production

Même si en général tout projet se caractérise par une forme de production ou une autre, les projets de production considérés ici sont ceux qui font appel explicitement à la fabrication d'un produit, à une confection, littéralement parlant. Construire une maquette à l'échelle, fabriquer un mobilier récréatif pour améliorer un parc-école, établir une carte du ciel lumineuse, confectionner des vêtements ou dessiner des patrons de vêtements futuristes ou traditionnels, autant d'exemples de produits qui donnent lieu à des opérations manuelles et technologiques qui font passer du matériel plus ou moins informe à un état plus défini et plus fonctionnel. Ces types de projets sont en général très motivants pour les personnes qui y œuvrent, mais ils ont l'inconvénient de solliciter beaucoup de ressources matérielles que le milieu scolaire n'est pas toujours en mesure de garantir.

Les projets de consommation

Dans les projets de consommation, les apprenants se servent de produits, d'œuvres ou de services en place pour en tirer un profit sur le plan de l'apprentissage scolaire. Mettre sur pied une caisse scolaire en collaboration avec une institution financière, instaurer un service de recyclage, organiser un circuit de spectacles sont autant de projets qui entrent dans cette catégorie. Dans ces types de projets, le produit au sens large se rapporte plus à des activités tenues et à l'usage qu'on en fait en termes d'apprentissage qu'à des biens matériels proprement dits. S'ils constituent parfois des défis de taille du point de vue de l'organisation, ils sont par ailleurs, *mutatis mutandis*, moins coûteux sur le plan des ressources matérielles.

Les projets de résolution de problèmes

Comme leur appellation le laisse entendre, les projets de résolution de problèmes mobilisent chez les apprenants leur capacité à résoudre des problèmes dont la solution existe ou non au moment où ceux-ci sont posés, mais sans être alors connue de l'apprenant. L'intuition, l'imagination, la créativité, l'anticipation, les raisonnements pratique et formel sont des habiletés particulièrement sollicitées par ce type de projets. Devinettes, énigmes, jeux d'esprit, grilles de mots, jeux de calcul et d'assemblage appartiennent bien sûr à cette catégorie. Mais on peut concevoir ce type de projets de façon beaucoup plus large et étendue sur le plan des apprentissages profitables. Proposer un modèle de fonctionnement efficace d'un hôpital, concevoir un plan de recherche pour en arriver à ralentir le vieillissement biologique, simuler un procédé qui expliquerait les techniques de construction des pyramides égyptiennes, proposer des méthodes efficaces de protection contre le terrorisme, voilà autant de projets qui mettent en cause des problèmes réels et significatifs pour la compréhension et l'avancement des sociétés. L'apprenant qui tente de relever, à sa mesure et dans ses limites, de tels défis ne fait pas que développer les habiletés intellectuelles mentionnées précédemment. Il se prépare sans trop s'en rendre compte à œuvrer lui-même comme agent de changement et de progrès dans la société qui l'attend.

Les projets d'apprentissage fonctionnel

Dans la classification de Kilpatrick présentée par Palmade (1971), il est question de «projets d'amélioration technique» pour rendre compte de ce type de projets. L'expression «apprentissage fonctionnel» nous a semblé plus adéquate en ce que cette catégorie regroupe des projets qui amènent l'apprenant à maîtriser un certain nombre d'opérations techniques, théoriques ou pratiques à partir de données ou d'objets existants. La maîtrise de logiciels, le conditionnement d'animaux, l'apprentissage d'une langue ou de codes de communication, la conduite d'un engin motorisé, l'apprentissage des mécanismes horlogers, d'instruments de musique, de règles parlementaires, etc., voilà autant d'exemples de projets dits d'apprentissage fonctionnel. Parfois, des cours entiers constituent à eux seuls de tels projets. Les cours de langues, de conduite automobile, de sauvetage, etc., en sont des exemples. Mais, généralement, dans le contexte scolaire, ces projets viennent s'insérer dans des objectifs et des contenus d'apprentissage plus larges. Par exemple, on profitera d'un cours de biologie animale pour apprendre à l'intérieur d'un projet comment les oiseaux construisent leur nid en en fabriquant un soi-même. Ce type de projets, bien sûr, se caractérise par sa grande souplesse d'utilisation en pédagogie. Il n'est donc pas étonnant qu'on y ait recours fréquemment, en particulier quand on veut illustrer des données théoriques ou quand on veut amener l'apprenant, par un procédé inductif, à découvrir par lui-même certaines lois ou propriétés théoriques s'appliquant à un objet d'apprentissage.

Selon leur dimension politique ou stratégique

Les récentes années ont vu poindre dans les milieux d'éducation et dans la terminologie qu'ils utilisent une « volée de types de projets » dont les diverses appellations ont de quoi confondre plus que le profane. Les projets pédagogiques, les projets de formation, les projets éducatifs et les projets d'établissement figurent parmi les expressions les plus employées pour qualifier certains types de projets à portée plus ou moins institutionnelle. Bien que ces types de projets ne soient pas nouveaux pour la plupart, on s'en gargarise à satiété aujourd'hui dans le jargon éducatif. Essayons d'y voir clair un peu, même si, à proprement parler, ces types de projets se situent plutôt à la périphérie des projets d'apprentissage.

Les projets pédagogiques

En accord avec les propos de Joannert et Vander Borght (1999) sur ce sujet, nous dirons des projets pédagogiques que ce sont des projets élaborés essentiellement par un groupe ou une équipe d'enseignants qui partagent une situation commune d'enseignement et qui décident de travailler en concertation dans celle-ci autour d'un modèle pédagogique commun. Ce type de projets est certainement celui qui convient le mieux à l'approche par projet. Celle-ci, en effet, peut justement résulter, en tant que formule pédagogique, d'un projet pédagogique ayant privilégié cette approche. Habituellement, les projets pédagogiques sont préparés et expérimentés par des équipes d'enseignants travaillant à l'intérieur d'un même groupe-classe ou d'un même programme dans une école. Par exemple, un groupe d'enseignants et d'enseignantes de la classe de sixième année dans un programme d'anglais intensif pourrait décider de privilégier l'apprentissage par projet dans leurs activités d'enseignement. Pour des raisons de meilleure synergie, de comparabilité et d'équité, il est souhaitable que les projets pédagogiques soient surtout élaborés et réalisés par des enseignants travaillant avec des élèves d'un même groupe-classe ou qui suivent un même programme. Certes, on ne doit pas exclure qu'un projet pédagogique puisse être réalisé par l'ensemble du personnel enseignant d'une école, mais les différences marquées entre les niveaux et les programmes dans un même établissement laissent penser aisément qu'un projet pédagogique prévu, par exemple, pour des apprenants de première année du secondaire ne portera pas nécessairement les mêmes fruits pour des apprenants de cinquième secondaire.

Les projets de formation

Contrairement aux projets pédagogiques qui, en principe, n'étaient mis sur pied que par une équipe d'enseignants, les projets de formation sont des projets élaborés par divers agents de l'éducation, qui vont des enseignants eux-mêmes au personnel cadre en passant par des représentants du milieu et par les personnes à former elles-mêmes. Bien sûr, les apprenants ont pour la plupart leur propre projet de formation, mais ainsi qu'il est compris ici, le projet de formation a une portée plus grande et renvoie aux décisions que prennent des agents du milieu éducatif pour offrir dans un milieu donné un programme de cours qualifiant, et ce, après une lecture bien définie des besoins sociaux exprimés dans le milieu. En ce sens, de tels projets trouvent d'abord leurs justifications dans leur rapport avec la conjoncture politique ou stratégique dont ils sont issus. À proprement parler, ils ont peu à voir avec les formules pédagogiques elles-mêmes.

Les projets éducatifs

Les projets éducatifs sont généralement des projets qui engagent tout le personnel d'une école autour principalement de certaines valeurs à promouvoir dans l'ensemble des relations vécues à l'école. Quand, par exemple, un établissement décide de faire du respect, de l'autonomie et du sens des responsabilités ses trois valeurs fondamentales véhiculées et incarnées en ses murs, on dira que son projet éducatif est constitué de ces éléments essentiels. Évidemment, un tel projet ne se limite pas à mettre à l'avant-scène quelques valeurs clés ; il énonce des principes et des convictions ; il prescrit des normes de comportements désirés ou interdits ; il privilégie des modes de fonctionnement ou d'activité, etc. On peut penser ici que, selon la teneur même du projet éducatif, les formules pédagogiques pourront varier même si cela n'est pas toujours le cas. Si, par exemple, le personnel d'une école voulait privilégier l'ouverture aux autres et la coopération au travail dans les activités de loisirs ou autres, le travail en équipe pourrait alors constituer une formule pédagogique qui s'insérerait bien dans un tel projet éducatif.

Les projets d'établissement

Parmi les types de projets mentionnés précédemment, les projets d'établissement sont certainement ceux dont la dimension « politique » est la plus manifeste. Ces projets revêtent toujours un caractère officiel en ce qu'ils font l'objet de décisions prises par l'instance supérieure dans une école, soit le conseil d'établissement ou le conseil d'administration. Bien sûr, de tels projets ont, en cours d'élaboration et de réalisation, des ramifications à différents niveaux de l'institution, mais ce sont d'abord les instances mentionnées ci-dessus qui l'adoptent et qui en assurent le suivi. Un autre aspect caractéristique des projets d'établissement est qu'ils ratissent très large dans les sujets susceptibles de retenir leur attention. Il ne concernent donc pas forcément l'enseignement lui-même. Par exemple, un conseil d'établissement pourrait se donner comme projets d'agrandir son parc-école, de réaménager et de repeindre l'intérieur de l'école, de mettre sur pied un service de cafétéria pour les élèves, etc. Tous ces projets constitueraient certainement des projets d'établissement, mais leur impact serait très indirect sur l'enseignement en tant que tel. En cela, ces projets peuvent, selon la volonté et les priorités du personnel approuvées par l'instance de direction, avoir ou non un effet tangible sur la pédagogie pratiquée à l'école. Il est clair, par exemple, qu'un conseil d'établissement qui déciderait d'investir, massivement dans l'achat de matériel informatique à des fins d'enseignement créerait du même coup une onde de chocs étendue sur les pratiques pédagogiques en vigueur dans ses murs. En général, il est d'ailleurs souhaitable qu'il en soit ainsi, c'est-à-dire que les projets d'établissement privilégient autant que possible ce qui est au cœur de la mission des établissements.

Nous n'irons pas plus loin dans l'examen des projets de type politique ou stratégique, qui touchent moins directement l'intervention pédagogique en soi. Notre présentation des différents types de projets s'achèvera par son illustration explicite, à la figure 3.

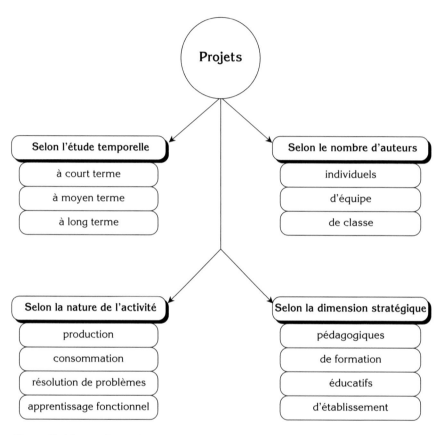

Figure 3 : **Types de projets**

Le moment est venu d'essayer de dégager dans une perspective générale les avantages et les limites de l'apprentissage par
projet en pédagogie. Ce sera l'objet du prochain chapitre.

Chapitre 5

L'apprentissage par projet : avantages et limites

En pédagogie, et de surcroît dans un contexte plutôt théorique, c'est souvent une tâche ou bien périlleuse, ou bien triviale, au contraire, que de vouloir déterminer les avantages et les limites d'une formule pédagogique particulière. L'exercice peut devenir périlleux si l'on se contente de décréter des avantages ou des limites sans référence aucune à des données empiriques qui puissent appuyer nos affirmations. Le risque de se voir contredit s'en trouve nettement augmenté. L'exercice peut devenir trivial aussi si l'on se contente de formuler des évidences ou des idées reçues qui n'engagent au fond que le parti pris subjectif de leur auteur. Dans notre revue de littérature sur le sujet, nous avons rencontré, particulièrement au chapitre des avantages, de ces partis pris qui, en étalant sans les soumettre à l'analyse les nombreuses vertus de l'apprentissage par projet, ne révélaient au fond chez leurs auteurs qu'une adhésion naïve à tout ce qui fait nouveau en pédagogie. D'autres auteurs, comme Perrenoud (1999) en particulier, ont renoncé à ce «romantisme du projet» – comme Perrenoud le nomme lui-même – et ont fourni une lecture beaucoup plus lucide et appuyée de cette formule pédagogique. C'est dans cette perspective que nous voulons situer nos propos. Ainsi, pour en souligner en premier lieu les avantages, nous avons retenu ceux qui non seulement semblaient les mieux appuyés dans la littérature, mais qui présentaient également un caractère suffisamment distinct d'autres avantages susceptibles d'être générés par des formules pédagogiques différentes de l'apprentissage par projet. Nous pensons à cet égard que ce dernier présente quatre avantages principaux et relativement spécifiques pour l'apprenant qui en bénéficie.

Avantages de l'apprentissage par projet

Il rehausse la motivation scolaire des apprenants

Un premier avantage manifeste de l'apprentissage par projet est qu'en général il rehausse de façon très significative la motivation de l'apprenant pour son travail scolaire. D'autres formules pédagogiques favorisent également une telle motivation, mais, si l'on se fie aux témoignages d'enseignantes et d'enseignants rencontrés, peu le font de façon aussi sensible.

Plusieurs raisons peuvent expliquer ce type d'influence. Nous ne mentionnerons ici que deux des plus évidentes.

D'abord, dans l'apprentissage par projet, le choix du projet à réaliser revient en principe aux apprenants eux-mêmes et est effectué en fonction de leurs centres d'intérêt. Encore ici, d'autres formules pédagogiques donnent aux apprenants une certaine latitude quant à leur objet d'apprentissage (la discussion, par exemple), mais peu le font de façon aussi marquée et soutenue que l'apprentissage par projet. Dans cette formule, l'apprenant possède pour ainsi dire la garantie qu'il pourra travailler à la réalisation de son projet sur une période relativement longue et que le contexte scolaire dans lequel il se trouve l'encouragera en principe à consacrer beaucoup de temps à son projet. Ainsi, en étant engagé dans la réalisation d'une œuvre qui l'intéresse et dont il voit progressivement l'avancement, l'apprenant est en mesure de vérifier l'état des apprentissages à réaliser par rapport aux objectifs de formation visés. Pour peu qu'il ait choisi de réaliser un projet qui le stimule vraiment, on note alors que c'est dans une démarche intéressée et soutenue que l'apprentissage par projet l'engage.

Toutefois, pour que cette motivation demeure significativement présente tout au long de la démarche d'apprentissage, celle-ci doit être ponctuée de « petites réussites » qui laissent présager la réussite finale, comme l'ont démontré à souhait les principaux théoriciens de la motivation et du renforcement. C'est bien ce qu'encourage l'apprentissage par projet. En constatant peu à peu que par sa propre initiative – conjuguée souvent à celle de ses pairs –, le produit escompté de son projet commence à prendre forme, l'apprenant obtient là une rétroaction régulière et progressive des efforts qu'il consacre à son projet. Partant, ces petites réussites lui font anticiper, dans l'espoir et dans l'ambition, la réussite finale. Cet engagement intéressé dans leur apprentissage, beaucoup d'apprenants l'expriment quand ils mentionnent qu'ils ont « pris à cœur » la réussite de leur projet et qu'ils avaient « hâte de voir ce que cela donnerait ».

Il n'est pas superflu de mentionner ici que cet effet motivant de l'apprentissage par projet prend toute son importance devant, par exemple, un problème aussi d'actualité que la réussite scolaire des garçons comparée à celle des filles. On sait en effet que dans les milieux de l'éducation on s'inquiète et on s'interroge beaucoup actuellement à propos de la faible performance scolaire des garçons par comparaison avec celle des filles. À cet égard, nous avons rencontré deux enseignantes du primaire qui ont constaté avec bonheur dans leur pratique quotidienne à quel point l'apprentissage par projet s'accordait bien avec les modes d'apprentissage et les centres d'intérêt scolaires des garçons. Chacune de ces enseignantes a en effet observé qu'en classe les garçons étaient très engagés dans la réalisation de leurs projets et que leur réussite scolaire en bénéficiait d'autant.

Il développe des habiletés à la résolution de problèmes

Un peu à la manière de la méthode des cas, mais par des activités d'apprentissage généralement plus tangibles et plus pratiques, l'apprentissage par projet est probablement la formule pédagogique qui développe le plus les habiletés à la résolution de problèmes.

Dans la poursuite d'un projet scolaire, plusieurs types de difficultés sont susceptibles de se poser à l'apprenant.

- Difficultés d'ordre décisionnel : par exemple, quel projet choisir et selon quels critères ?

- Difficultés d'ordre temporel : comment, par exemple, planifier la gestion du temps pour arriver à ses fins ?

- Difficultés d'ordre organisationnel : comment se répartir les tâches ? Comment faire l'inventaire des ressources nécessaires ? Où les trouver ? Quelle procédure adopter ? Etc.

- Difficultés d'ordre contextuel : l'organisation de la classe, le cadre horaire, la réglementation favorisent-ils la réalisation du projet ou constituent-ils des obstacles plus ou moins évitables ?

- Difficultés d'ordre relationnel : comment favoriser la coopération entre tous ? Que faire en cas de conflits interpersonnels ? Comment négocier les différences de points de vue ? Etc.

Ces types de difficultés sollicitent, pour leur résolution, plusieurs habiletés différentes chez l'apprenant. Si celui-ci parvient à surmonter ces difficultés dans la conduite à terme de son projet, il aura par le fait même non seulement atteint son but en réalisant son projet, mais il l'aura fait au profit d'habiletés diverses nettement enrichies et transférables à d'autres situations problématiques.

Mais il y a plus : pour une bonne part d'entre elles, les difficultés mentionnées sont relativement prévisibles dans l'utilisation d'une pédagogie par projet et il est possible de les parer à l'avance dans plusieurs cas. En termes de « valeur ajoutée », nous dirons par ailleurs que l'apprentissage par projet place aussi l'apprenant devant des difficultés, celles-là souvent tout à fait imprévues. Il exige alors de l'apprenant qu'il sache non seulement gérer l'incertitude, mais s'y adapter par exemple en faisant preuve d'esprit inventif ou en modifiant ses stratégies initiales. Au-delà de la réalisation du projet lui-même, le bénéfice attendu d'une telle capacité d'adaptation est que l'apprenant aura davantage confiance en lui devant l'imprévu et considérera celui-ci non pas comme un motif d'abandon, mais comme un défi qu'il a le goût de relever. En outre, l'apprenant se trouvant placé devant des problèmes concrets qu'il aura appris à résoudre, il verra avec plus de clarté « à quoi servent » ses savoirs, quelle en est leur utilité pratique. On a tort en général de lever le menton sur l'utilitarisme de premier niveau auquel semblent adhérer les apprenants quand ils demandent, parfois avec un peu d'arrogance il est vrai, « à quoi ça sert ? ». Cette question, tout à fait légitime dans l'apprentissage scolaire, n'est pas banale. Ce qui se cache derrière une telle question, c'est toute la question du sens que nous attribuons aux savoirs et à la formation. En rapprochant les objets du savoir des situations et des problèmes concrets de la vie courante, l'apprentissage par projet donne justement du sens aux savoirs de l'apprenant.

Il développe l'autonomie et la responsabilité dans l'engagement

Une certaine idée reçue voudrait que l'autonomie et le sens des responsabilités soient des attributs qui aillent de pair chez l'individu. Nous sommes loin d'en être convaincus. On peut être parfaitement autonome et totalement irresponsable dans une même foulée. Agir seul, par soi-même n'exige aucunement que l'on s'acquitte en même temps de ses devoirs et de ses obligations. Ça pourrait même être paradoxal de le faire. L'un des avantages significatifs de l'apprentissage par projet est qu'il conduit l'apprenant à agir sur les deux tableaux à la fois.

Sur le plan de l'autonomie d'abord, l'apprentissage par projet fait en sorte que l'apprenant devienne pour ainsi dire un « acteur-auteur » – si l'on reprend l'expression de Boutinet (1993) – dans son apprentissage. En tant qu'auteur, l'apprenant décide de la nature du projet, du sujet à exploiter, de l'étendue à lui donner, des moyens à retenir pour le mener à terme, etc. En outre, comme c'est lui qui, en tant qu'acteur cette fois, agit dans le projet, le réalise, il assume alors comme auteur presque entièrement la responsabilité de sa réussite ou de son échec. Évidemment, plus l'apprenant est appelé à expérimenter tôt ce type d'apprentissage autonome dans son cheminement scolaire, plus cette prise en charge de lui-même – cet *empowerment* diraient Hargreaves et Hopkins (1991) – est nouvelle pour lui. Il doit alors y consacrer beaucoup de ses ressources. Ce faisant, c'est l'actualisation de son propre potentiel qui se met en branle. Si, en éducation, la théorie du socioconstructivisme a besoin d'appuis empiriques, l'apprentissage par projet constitue certainement un terrain fertile en éléments probants. En effet, en réalisant de façon autonome un projet substantiel, l'apprenant ne fait pas que mobiliser ses savoirs, il les agence pour en construire de nouveaux qui se laissent peu à peu découvrir au gré des interrogations et des problèmes qu'il aura dû résoudre dans la réalisation de son projet. Loin de porter ombrage à cet apprentissage d'autonomie, la supervision de l'enseignant devient alors une sorte de vigile à l'affût des écueils, qui propose des voies nouvelles et fournit les informations pertinentes pour que, justement, l'apprenant puisse expérimenter à profit cette nouvelle prise en charge autonome de son apprentissage.

Par ailleurs, l'autonomie sans responsabilité est périlleuse. L'apprentissage par projet ne fait pas que développer chez l'apprenant une autonomie en vase clos; il le pousse en quelque sorte à assumer les conséquences de ses choix et à respecter les engagements qu'il a lui-même pris de façon autonome en adhérant à telle idée de projet. Cela s'observe principalement sous deux angles.

D'une part, comme c'est l'apprenant qui a lui-même choisi son projet selon ce qui l'intéresse, toute négligence ou démission en cours de route le place par le fait même en situation de dissonance cognitive. Comme en général les gens se soucient de la perception que les autres entretiennent à leur égard, ils ont tendance à rétablir la cohérence là où il y a apparence d'incohérence chez eux. En psychologie sociale, ce phénomène connu sous le nom de *self-monitoring* a principalement été étudié par Snyder (1995). Si le projet choisi l'a vraiment été en fonction de ce qui intéresse la personne, alors celle-ci est poussée à mener le projet à terme si elle veut maintenir cette image de cohérence. Cette pression, dans le discours des éducateurs, prendra la forme d'un encouragement à assumer la responsabilité de ses décisions et laissera voir, chez l'apprenant, une fierté attendue d'avoir mené à terme sa propre entreprise.

D'autre part, le caractère évolutif ou progressif de la réalisation d'un projet fait en sorte que tôt ou tard, dans la conduite du projet, l'apprenant réalise qu'il a franchi un point de non-retour, qu'il «n'a plus le choix», comme il dit, et qu'il ne peut plus reculer. Tout comme on n'arrête pas la construction d'une maison après l'installation des solives, la plupart des projets, une fois bien mis en chantier, ne donnent d'autre choix à l'apprenant que de les achever au mieux possible selon les circonstances. Quand, par exemple, un projet demande une collecte de fonds ou un quelconque appel au public, il devient gênant, voire intenable de tout laisser tomber ou de trafiquer à rabais le fruit de ces appels. Certains trouveront peut-être bien fragile un sens des responsabilités qui se construit sous la pression de situations sans issue. Nous pensons quant à nous que, lorsqu'un apprenant fait le constat honnête qu'il s'est engagé dans une voie où il ne peut plus reculer, il a déjà commencé à exercer ce sens des responsabilités que la conduite ultérieure du projet ne fera qu'encourager. Dans l'apprentissage par projet, le passage à l'action et le nécessaire produit à livrer conduisent l'apprenant à une sorte d'engagement (*commitment*) qui participe déjà du sens des responsabilités dès lors qu'il est au moins reconnu.

Il prépare à la conduite ultérieure de projets sociaux

Il apparaîtra peut-être évident aux yeux de plusieurs que l'apprentissage par projet prépare à la conduite ultérieure de projets dans la vie future de l'apprenant. Pourtant, dans la littérature, cet avantage n'est à peu près pas signalé. Nous sommes toutefois d'accord avec Perrenoud (1999) pour dire que c'est là un avantage de première importance dans le contexte des sociétés modernes. En effet, comme nous l'évoquions en introduction, une lecture le moindrement lucide de la vie sociale actuelle montre que celle-ci s'organise de plus en plus en mode « projets ». Projet de carrière, projet d'investissement, projet de développement, projet d'affaires, projet de vacances ou de retraite, projet d'études, de perfectionnement ou de formation et – pour culminer – projet de société et projet de vie, tous ces types de projets et bien d'autres supposent qu'à tout moment de la vie adulte en particulier, l'individu se trouvera au cœur de projets à entreprendre et à réaliser. Cela est encore plus évident dans le monde du travail où l'entrepreneurship, le travail autonome, le travail à la pige et à contrat s'alimentent en grande partie à même la conception de projets.

En ce sens, s'il est toujours approprié de dire que l'école doit préparer les futurs citoyens, l'apprentissage par projet ne peut pas rater le coche de la formation, au moins dans sa pertinence. Certes, on peut former théoriquement les apprenants, mais tôt ou tard ils devront éprouver la théorie dans l'action. Sans pratiquer le culte du *knowing by doing*, on doit convenir qu'en initiant concrètement l'apprenant à la conduite de projets, cette formule pédagogique le prépare de très près à des tâches qu'il n'aura de cesse d'accomplir plus tard dans son insertion et son fonctionnement en société. Plus encore, sous la supervision de l'enseignant et par sa propre expérience, il sera mieux en mesure aussi de faire une lecture plus critique des multiples projets qui sont proposés à tous vents et qui, parfois, nous entraînent dans des directions qu'on aurait eu avantage à éviter par discernement.

Bien sûr, nous pourrions poursuivre notre incursion dans le champ des avantages de l'apprentissage par projet en y relevant plusieurs autres bénéfices secondaires fréquemment mentionnés d'ailleurs dans la littérature. Nous pensons cependant que ceux que nous avons mentionnés ici suffisent à caractériser en ce sens la formule et, surtout, mettent en évidence son intérêt pédagogique. Néanmoins, une réflexion nuancée sur le sujet nous demande aussi de mettre en garde le lecteur contre un enthousiasme démesuré ou naïf dans l'utilisation de cette formule. L'apprentissage par projet possède aussi ses limites sur le plan pédagogique et présente des risques que l'enseignant avisé doit garder en tête. Parmi eux, quatre retiennent notre attention.

Limites de l'apprentissage par projet

Il peut engendrer une confusion dans l'objet de l'apprentissage

Comme il a été dit plus haut, dans la réalisation d'un projet l'apprenant développe plusieurs habiletés qui sont au fond les véritables objets d'apprentissage. Dans la formation scolaire, le produit du projet figure plus comme un moyen pour réaliser des apprentissages que comme la finalité de l'apprentissage même s'il y participe bien sûr. Or, parfois, l'enseignant ou l'apprenant en arrivent à confondre le produit du projet et la démarche elle-même pour le réaliser. Cela risque de se produire surtout quand le projet est mobilisateur pour l'apprenant et qu'il y consacre dans l'enthousiasme beaucoup de temps et d'efforts. Le produit du projet – anticipé ou en voie de réalisation – occupe alors toute l'attention de l'apprenant, qui néglige, en termes d'apprentissage, de réfléchir sur la démarche qui le mène vers la réussite ou vers l'échec selon le cas. Il en va de même pour l'enseignant qui aura tendance à juger la valeur des apprentissages réalisés selon la qualité du produit plutôt qu'en considérant toute la démarche de conduite de projet, comme ce devrait être le cas sur le plan pédagogique. En fait, l'échec d'un projet – au sens de produit non réalisé – n'équivaut pas à l'échec de l'apprentissage qui a eu cours dans ce projet. L'enseignant et l'apprenant qui expérimentent cette formule doivent constamment se méfier d'une telle confusion.

Il est parfois fortement limité par le contexte physique et normatif de l'école

À l'étape de la gestation ou de l'anticipation, les projets – c'est bien connu – se nourrissent souvent d'idées généreuses et ambitieuses. Toutefois, quand sonne l'heure de la décision, les réserves et les interdits venant de partout dans la classe ou dans l'école se dressent devant l'apprenant sans trop s'annoncer. Quand ce n'est pas l'environnement normatif (réglementation, politiques, procédures) qui s'avère la pierre d'achoppement du projet, c'est l'environnement physique qui ne fournit pas l'espace, l'équipement ou les horaires suffisants pour que le projet puisse être mené à terme. C'est ce genre de contraintes qui décourage souvent tant l'apprenant que l'enseignant de s'ouvrir généreusement à cette formule. Selon nous, deux mises en garde en découlent :

- La première, bien sûr, c'est l'invitation à la prudence et au réalisme. En pédagogie comme ailleurs, on ne peut pas faire table rase des éléments contextuels et environnementaux sous prétexte que la rentabilité pédagogique du projet sera toujours assurée. Si tel devait être le cas, anarchie et déficit régneraient en maître dans l'école. L'enseignant tout comme l'apprenant doivent pouvoir distinguer, dans l'apprentissage par projet, le souhaitable du possible. Une lecture réaliste de l'environnement scolaire évitera bien des efforts inutiles et fera l'économie d'un temps précieux dans la conduite du projet.

- Par ailleurs, on peut aussi douter des décideurs scolaires et les enseignants qui utilisent la langue de bois et les propos ronflants pour dire qu'ils sont très favorables à la pédagogie du projet, mais qui refusent en même temps de changer quoi que ce soit à leur pratique s'ils y voient la moindre menace à leur confort professionnel. Il est souvent plus facile d'être un chantre que de s'affirmer en véritable témoin du changement. L'apprentissage par projet ne peut s'instaurer institutionnellement sans créer un certain remous dans l'environnement scolaire. Il faut non seulement le prévoir, mais aussi l'accepter si l'on croit à la formule.

Il risque d'engendrer un rapport coûts-bénéfices déficitaire

Il n'y a aucun doute à notre avis que les avantages annoncés dans l'apprentissage par projet sont beaucoup plus qu'une simple embellie et qu'en bout de piste, donc, une pratique étendue de cette formule a bien plus de chances de dégager des bénéfices dans la formation de l'apprenant plutôt que des déficits. Cela dit, la vigilance s'impose néanmoins à cet égard. Non seulement des projets mal pensés, trop ambitieux, mal ciblés, voire trop complexes ou trop simplistes, risquent-ils d'être coûteux en argent et en temps, mais ils risquent aussi et surtout de l'être au plan pédagogique en occasions ratées – ce que les économistes nomment les coûts d'opportunité ou de remplacement. En effet, comme l'apprentissage par projet exige du temps et, très souvent, un réaménagement sensible du contenu et de l'organisation des matières disciplinaires à livrer, la question de savoir si « le jeu en vaut la chandelle » demeure toujours pertinente dans l'utilisation de cette formule. En clair, en termes d'apprentissage pour l'élève, quel est le prix du choix de cette formule non seulement en fonction de ce qu'elle est susceptible de rapporter, mais aussi en fonction de ce qu'une autre formule aurait pu rapporter à un prix comparable ? Trop souvent, des enseignants ou des apprenants qui travaillent par projet consacrent énormément de temps et d'énergie à la préparation et à la conduite d'un projet dont les chances de profit demeurent somme toute limitées en raison de sa nature. Est-il vraiment nécessaire, par exemple, de fonder à l'école une coopérative commerciale si le but visé est l'apprentissage de la coopération, d'une part, et la maîtrise de quelques fonctions de calcul, d'autre part ? D'autres avenues pédagogiques pourraient probablement permettre de réaliser de tels apprentissages à moindre coût. Évidemment, si les objectifs d'apprentissage étaient plus nombreux et plus étendus que ceux mentionnés ici, un projet de cette nature trouverait alors toute sa justification. Pour diminuer le risque d'un rapport coûts-bénéfices déficitaire dans l'apprentissage par projet, l'enseignant aura donc avantage à utiliser cette formule quand plusieurs objectifs d'apprentissage compatibles sont visés.

Il expose à des comportements de « fuite en avant »

Bien que l'apprentissage par projet rehausse généralement la motivation de l'apprenant et l'engage dans une démarche soutenue de responsabilisation, il ne le met pas à l'abri pour autant des remises sur le tas ou des fuites en avant. Dans cette formule, le temps est souvent un allié précieux, et parfois un transfuge dangereux... Habituellement, à l'intérieur d'une année scolaire, la réalisation d'un projet s'effectue à moyen ou à long terme. La tentation est alors forte de remettre à demain un travail qu'une planification suivie exigerait pour aujourd'hui. Cette tentation est d'autant plus forte que la conduite d'un projet ne va pas sans moments creux ou sans obstacles imprévus qui découragent ou démotivent plus ou moins sensiblement l'apprenant. À cet égard, la supervision de l'enseignant devient primordiale. Celui-ci doit non seulement aider l'apprenant à surmonter ses difficultés de parcours, mais il doit aussi lui faire comprendre qu'elles font en quelque sorte partie de son apprentissage. On y reconnaît là au fond « le défaut de la qualité » de cette approche : en même temps qu'elle favorise l'autonomie et la responsabilisation, elle expose au risque des remises ou des démissions passagères, et cela n'est pas vraiment paradoxal : pour obtenir la vertu, il faut parfois tenter le diable !

Voilà donc en substance les avantages et les limites qu'à notre avis l'enseignant et l'apprenant ont le plus rencontrés vraisemblablement dans l'exercice de cette formule pédagogique du projet. Le tableau 1 les reprend de façon synoptique.

Tableau 1 : **Avantages et limites de l'apprentissage par projet**

Avantages	Limites
• Rehausse la motivation des apprenants.	• Peut engendrer une confusion dans l'objet d'apprentissage.
• Développe des habiletés à la résolution de problèmes.	• Est parfois fortement limité par le contexte physique et normatif de l'école.
• Développe l'autonomie et la responsabilité dans l'engagement.	• Risque d'engendrer un rapport coûts-bénéfices déficitaire.
• Prépare à la conduite ultérieure de projets sociaux.	• Expose à des comportements de «fuite en avant».

Chapitre 6

Les conditions d'utilisation

Comme nous l'avons souligné dans les chapitres précédents, l'apprentissage par projet autorise, sur le plan de la formation, de grands espoirs, mais commande aussi une certaine prudence dans son utilisation. À cet égard, il y a lieu ici de présenter en synthèse les principales conditions d'utilisation – certaines préalables, d'autres facilitantes – de cette formule pédagogique. Nous en retiendrons six : l'intention pédagogique, les rôles de l'enseignant, les rôles de l'apprenant, les caractéristiques des apprenants, le temps et l'environnement.

L'intention pédagogique

Choisir que ses élèves apprennent par la formule des projets nécessite une double clarification au plan de l'intention pédagogique : 1) les savoirs à développer par cette formule et 2) les compétences à développer par le projet lui-même.

Les savoirs à développer par la formule

Dans le langage de l'éducation, il est généralement admis de distinguer entre les apprentissages des types savoir, savoir-faire et savoir-être. Cette distinction est évidemment toute relative et donc imparfaite. « Savoir » compter jusqu'à dix est de l'ordre du savoir ; « savoir » dessiner est de l'ordre du savoir-faire et « savoir » respecter autrui est de l'ordre du savoir-être. Jusque-là, il n'y a pas trop matière à dispute. Pourtant, dans une perspective holistique de la formation et de l'apprentissage, les enseignants savent bien que, souvent, ce sont simultanément les trois types de savoirs qui sont sollicités dans un apprentissage donné, le travail en équipe – si fréquemment utilisé – appuyant parfaitement cette affirmation. Dans l'apprentissage par projet aussi, il arrive fréquemment que ces trois types de savoirs soient sollicités en même temps. Pourtant, cela ne devrait pas autoriser l'enseignant qui choisit cette formule à faire l'économie d'une réflexion quant à l'intention pédagogique inhérente à l'utilisation de l'apprentissage par projet. En principe – et nous disons cela avec les réserves qui s'imposent –, la formule des projets s'avère particulièrement appropriée au développement du savoir-faire. Bien qu'elle puisse certainement contribuer de manière efficace au développement du simple savoir, il arrive parfois qu'elle ne soit pas très économique, en temps surtout. Dans une perspective similaire, la formule des projets peut très bien favoriser le développement d'un savoir-être chez l'apprenant. Toutefois, comme ce dernier type de savoir est un apprentissage à long terme, multifactoriel, circonstancié, sensible à certains égards et étanche à d'autres, on peut se demander si le projet, dans ses limites temporelles, demeure l'outil d'intervention pédagogique le plus approprié en cette matière.

Bref, quand on choisit l'apprentissage par projet, on doit d'abord avoir une idée assez claire du ou des types de savoirs que l'on veut développer chez l'apprenant dans leur importance relative. Cette clarification apportée, il faut ensuite pouvoir déterminer en quoi l'apprentissage par projet peut s'avérer une formule plus efficace que d'autres pour le développement du type de savoir visé. Cette condition préalable s'impose à tout enseignant voulant favoriser l'apprentissage par projet. La mode ne devrait pas avoir sa place ici!

Les compétences à développer au moyen du projet lui-même

Évidemment, on se doutera bien qu'aux savoirs à développer par la formule des projets correspondent des compétences plus particulières que les projets eux-mêmes, dans leur nature et par leur objet, pourront favoriser chez l'apprenant. C'est là une autre clarification à laquelle l'enseignant doit procéder quand il privilégie la formule de l'apprentissage par projet. Une fois cette décision prise, il doit se demander quelles sont les compétences particulières qu'il veut développer chez ses élèves. Certaines d'entre elles pourront revêtir un caractère assez général et s'apparenter par exemple à celles contenues dans des taxonomies bien connues en éducation, dont celles de Bloom (1973) ou de Tardif (1992). Pensons ici à l'élargissement des connaissances dans un secteur donné, au transfert et à l'application de connaissances dans la vie quotidienne, à l'esprit de synthèse, à celui d'analyse, à l'esprit critique, à la capacité d'intégration, à la résolution de problèmes, etc. D'autres compétences pourront s'avérer plus spécifiques : développer la curiosité scientifique, le jugement moral, la capacité de communiquer, la capacité de traiter de l'information, la maîtrise des outils informatiques, la maîtrise d'une technique ou d'un procédé de fabrication, etc. Nous avons vu au chapitre 4 qu'il existe différents types de projets. On comprendra aisément que de la nature des objectifs poursuivis et des compétences à développer chez l'apprenant dépend essentiellement le type de projet qui sera choisi. En ce domaine, il faut absolument éviter « la stratégie du gérant d'estrade » qui consisterait à choisir un projet un peu par goût, à le faire réaliser par les apprenants et à en déduire après-coup les acquis de formation. Non seulement cela dénote un manque de planification dans l'enseignement, mais cela ressemble à une entreprise d'autojustification qui, plus souvent qu'autrement, laisse bien plus voir le jupon qui dépasse que l'élégance du vêtement !

En somme, avant même de se mettre à l'esquisse et, par la suite, à l'organisation du projet, l'enseignant doit clarifier ses intentions pédagogiques, qu'elles soient relatives à la formule elle-même ou au projet plus spécifique à retenir. Sans quoi il risque de sous-exploiter de façon marquée les richesses que présente l'apprentissage par projet. S'il suffisait toutefois que l'intention soit au rendez-vous pour que l'œuvre livre ses promesses, l'apprentissage par projet aurait obtenu ses lettres de créance depuis des lunes et par-delà terres et mers. D'autres conditions doivent intervenir pour que cette formule démontre dans sa pratique toute son efficacité attendue. Parmi ces conditions : une compréhension claire des rôles de l'enseignant et de l'apprenant dans leur participation au projet.

Les rôles de l'enseignant

Dans la littérature consultée sur ce sujet, on insiste beaucoup sur l'idée que, dans l'apprentissage par projet, l'enseignant exerce avant tout un rôle de médiateur entre l'apprenant et les objets de connaissance à acquérir. Grégoire et Laferrière (2001), Perrenoud (1999), de même que Arpin et Capra (2001), entre autres, voient en la médiation le rôle central de l'enseignant. Issu d'une approche socioconstructiviste à la Vygotsky (1985), le concept de « médiateur » renvoie à notre avis à une sorte de « rôle-parapluie » de l'enseignant dans l'apprentissage par projet, rôle qui demande à être explicité. Dans l'entendement populaire, en effet, le médiateur est une personne qui, à titre d'arbitre ou de conciliateur – formel ou non –, cherche à régler des différends entre des parties soit en leur proposant des solutions, soit en prenant des décisions auxquelles auront convenu antérieurement de souscrire ces mêmes parties. En termes communicationnels, on peut, par analogie avec le terme « média », suggérer l'idée que le médiateur serait celui par qui le message est porté. On voit bien, dès lors, que si l'on s'en tient à cette signification l'enseignant qui donne un exposé formel en classe est lui aussi un médiateur. En quoi donc le rôle de médiateur chez l'enseignant est-il particulièrement sollicité dans l'apprentissage par projet ? Pour répondre à cette question, il faut aller voir quels sont les rôles plus spécifiques qui se cachent derrière ce rôle très large de médiateur. À notre avis, quatre rôles principaux de l'enseignant sont mis à l'avant-scène dans l'apprentissage par projet. Il s'agit des rôles d'entraîneur, d'animateur, de motivateur et d'évaluateur. Dans un ouvrage antérieur (Proulx, 1999), nous avions défini quatre rôles principaux que l'enseignant est appelé à jouer dans la formule du «travail en équipe». Les rôles que nous présentons ici en sont en quelque sorte des dérivés, puisque l'apprentissage par projet s'exerce la plupart du temps dans un travail en équipe et en constitue un type particulier.

L'entraîneur

Dans l'apprentissage par projet, l'enseignant est d'abord appelé à agir comme entraîneur de son groupe-classe et des équipes qui le constituent. De façon très évocatrice, Goodrich, Hatch *et al.* (1995) parlent vraiment ici de l'enseignant comme d'un «coach». Utilisant habilement l'analogie avec les entraîneurs sportifs, ces auteurs mentionnent que l'enseignant-entraîneur ne se tient pas devant la classe, mais sur les lignes de côté...! Il est toutefois très attentif à l'activité qui se déroule, il fait des observations et, note importante, il établit le plan de match en se réservant les grandes décisions et en laissant les autres à la responsabilité de ses joueurs.

Effectivement, comme nous le verrons dans le chapitre suivant, dans l'apprentissage par projet l'enseignant est un peu le «grand stratège». Comme c'est lui qui, en dernier ressort, a la responsabilité de faire apprendre, les grandes décisions lui reviennent. Il doit néanmoins laisser les habiletés de ses élèves s'exercer. Le rôle d'entraîneur demande d'abord à l'enseignant de l'*expertise*. Dans la réalisation des projets qu'il supervise, celui-ci doit pouvoir connaître suffisamment les objets d'apprentissage pour répondre aux questions des apprenants et pour les aider à surmonter leurs difficultés de parcours. Son rôle d'entraîneur lui demande aussi de pouvoir *prendre les décisions importantes*. C'est un leurre – et un danger – de penser que dans l'apprentissage par projet l'enseignant s'efface au profit de l'apprenant. Rappelons l'image du «coach» : il se tient sur les lignes de côté, mais il suit le jeu et prend les décisions stratégiques importantes. Cette habileté à prendre les bonnes décisions au

75

bon moment, sans empiéter sur la nécessaire marge d'autonomie des apprenants dans la conduite de leurs projets, est
encore plus importante quand l'enseignant travaille avec des
élèves du primaire qui construisent leur bagage de connaissances encore, somme toute, assez élémentaire. Leur confier
pleine autonomie dans la réalisation de leurs projets, c'est franchement courir à la dérive sur le plan pédagogique. Enfin, le
rôle d'entraîneur demande à l'enseignant qu'il puisse *tolérer le
risque et l'incertitude.* Comme la victoire n'est jamais certaine,
le succès dans le projet à réaliser n'est pas garanti. Pour
l'enseignant qui œuvre dans l'apprentissage par projet, il lui faut
accepter que, parfois, tout ne se déroule pas de la manière
prévue et qu'il y a lieu alors d'ajuster le tir. Au demeurant,
l'enseignant qui fait preuve de cette tolérance comprend aussi
que le succès du projet réside probablement plus dans les efforts
déployés et dans les apprentissages réalisés en cours de projet
que dans son « résultat » final.

L'animateur

En pédagogie, le rôle d'animateur est en quelque sorte un rôle
incontournable au sens où, dès le moment qu'un enseignant met
les pieds dans une classe, il se voit à toutes fins utiles « con-
damné » à animer sa classe s'il veut en sortir sain et sauf. Dans
l'apprentissage par projet, le rôle d'animateur auquel nous
pensons prend un sens plus déterminé. Il renvoie au fond à la
double capacité que devrait avoir un enseignant : 1) d'organiser
et de superviser ce que Gauthier, Desbiens et Martineau (1999)
appellent « le flot régulier d'activités » en classe et 2) d'interagir
efficacement avec son groupe-classe de sorte que la conduite
des projets soit l'affaire de tous et chacun et qu'elle se fasse
dans un climat agréable et respectueux.

En tant qu'animateur, l'enseignant doit d'abord pouvoir s'assurer
que tous les apprenants sont à pied d'œuvre dans la classe,
qu'ils ont une compréhension commune du travail et qu'ils ont
le temps, le matériel et les connaissances nécessaires pour
mener à bien leur séance de travail. La composition des équipes,

la disposition des groupes de travail dans la classe, la liste des thèmes suggérés ou imposés pour les projets à retenir, la liste des sources d'information possibles, le soutien logistique requis, les rapports d'étape pour savoir où sont rendus les apprenants dans la conduite de leurs projets, les règles procédurales et disciplinaires à suivre, etc., voilà autant d'éléments que l'enseignant doit constamment garder en tête dans son rôle d'animateur. Cela ne signifie pas qu'il doive assumer seul toutes ses responsabilités, mais, ultimement, c'est à lui d'abord d'exercer un leadership en cette matière, surtout au primaire et au premier cycle du secondaire. Aux niveaux supérieurs, on comprendra que son leadership pourra se faire un peu plus discret en raison des connaissances acquises, de l'expérience et de la maturité relative des apprenants.

Toujours en tant qu'animateur, l'enseignant doit interagir constamment avec sa classe pour susciter et entretenir un climat de travail où chacun non seulement trouve sa place, mais se sent considéré dans sa contribution personnelle. Très souvent, comme le notent Martineau et Simard (2001), un tel climat prendra sa source dans les attitudes et les comportements mêmes de l'enseignant. Quand ce dernier sait se montrer attentif à chacun, quand il encourage l'apprenant dans ses réussites comme dans ses difficultés, quand il fait preuve de tolérance relative tout en maintenant un souci partagé de respect et d'équité, il met alors en place, par modélisation, les conditions nécessaires à l'établissement du climat de travail souhaité. Mais il y a plus : un bon climat de travail ne garantit pas *de facto* un apprentissage réussi. Dans son rôle d'animateur, l'enseignant doit aussi s'assurer que le travail se fait efficacement, c'est-à-dire qu'il y a bel et bien apprentissage. Cela lui demandera d'abord d'être un fin observateur, d'interroger les apprenants, d'être attentif aux difficultés qu'ils éprouvent, de leur suggérer au besoin des voies de solution, de s'assurer de la participation de tous, etc. En somme, l'enseignant à l'œuvre dans ce contexte doit essayer d'occuper l'espace réduit et pas toujours bien délimité entre une zone d'inconnu relatif chez les apprenants, qui suscite chez eux une tension nécessaire à tout apprentissage et une zone d'inconnu tout à fait étanche, qui constitue alors pour les apprenants une véritable impasse dont ils ne pourront se sortir seuls. Il appartient à l'enseignant-animateur de repérer un tel espace.

Cela dit, on aurait tort de voir dans le rôle d'animateur une fonction « reposante » pour l'enseignant. Animer efficacement un groupe-classe est une responsabilité à la fois exigeante et difficile pédagogiquement. La tâche est exigeante parce qu'elle demande une disponibilité psychologique soutenue et un comportement interactif constant, partagé avec chacun des apprenants. Elle est aussi difficile parce que, contrairement à l'enseignement par exposé par exemple, l'enseignant-animateur œuvre en terrain d'incertitude quand il supervise la conduite de projets. Des facteurs imprévus – internes ou externes – peuvent à tout moment venir changer la donne : manque de matériel, informations non disponibles ou trop coûteuses, décrochage d'un des membres dans une équipe de travail, conflits internes, pléthore de questions pouvant apparaître en cours de projets, etc., voilà autant de difficultés auxquelles l'enseignant risque d'être confronté dans son rôle d'animateur. Son expérience certes, mais aussi son intuition seront fréquemment mises à contribution. Il importe de l'en aviser.

Le motivateur

En décrivant le rôle d'animateur, nous avons sciemment ignoré la fonction de motivation des apprenants. Non pas qu'elle n'ait pas sa place en animation – bien au contraire –, mais une telle fonction prend tellement de place dans l'apprentissage par projet qu'elle constitue pratiquement un rôle à elle seule.

En principe, on pourrait penser que l'apprentissage par projet est en lui-même une formule pédagogique tellement motivante pour l'apprenant que l'enseignant n'a qu'à lui accorder une attention minimale. Il faudrait se garder d'une telle présomption. Il est vrai de dire que l'apprentissage par projet possède en lui-même un potentiel de motivation intrinsèque important. Plusieurs apprenants et enseignants peuvent témoigner de ce fait. Cela d'ailleurs ne devrait pas surprendre dans la mesure où, en général, les projets à réaliser se rapprochent sensiblement de ce qui intéresse l'apprenant ou de son environnement quotidien. Toutefois, l'apprentissage par projet n'en rencontre pas moins, en tant que formule pédagogique, des risques de baisse de motivation chez l'apprenant.

Le premier risque d'une motivation à la baisse chez l'apprenant peut être amené par le nombre et surtout par l'ampleur des difficultés éprouvées. Quand l'apprenant en est à ses premières armes avec cette formule, il risque vite de trouver « pas faisable » – dans son expression – l'une ou l'autre des tâches à accomplir. Par exemple, aller interroger un homme politique ou un chef d'entreprise pourrait représenter pour un apprenant de 10 ou 11 ans une tâche apparemment insurmontable. Dans des situations de ce genre, le rôle de l'enseignant-motivateur est de parvenir à susciter chez ses élèves ce que Martineau et Simard (2001) appellent *a can do attitude*, que l'on pourrait voir comme une attitude de confiance en soi dans le contexte d'une tâche donnée.

Un deuxième risque de baisse de la motivation chez les apprenants est lié au temps nécessaire pour mener le projet à terme. Plus la réalisation du projet s'étire dans le temps – donc plus le résultat escompté est lointain –, plus il sera difficile pour les apprenants de maintenir un haut degré de motivation. Un vieux proverbe chinois dit qu'« on n'est pas heureux mille jours » ! Dans la réalisation de projets à long terme, il importe, pour maintenir une motivation satisfaisante chez les apprenants, que l'enseignant emprunte à la récompense finale du Grand Soir de petites récompenses quotidiennes. En d'autres termes, qu'il favorise une approche étapiste dans laquelle l'apprenant se voit périodiquement récompensé pour ses efforts en attendant d'arriver à la satisfaction finale du devoir accompli.

Par ailleurs, dans des projets à moyen ou à long terme, il pourra arriver fréquemment que des apprenants tombent dans le piège de la remise au lendemain. L'enseignant-motivateur peut diminuer les risques d'une telle pratique non seulement en favorisant une approche étapiste dans la réalisation des projets, mais aussi et surtout en mettant en relief les progrès accomplis, en rappelant les étapes franchies et les efforts soutenus pour y parvenir, en décrivant en classe l'état des travaux réalisés par chaque équipe et en favorisant à cet égard une certaine émulation.

Enfin, il y a risque de baisse de motivation chez l'apprenant si la formule de l'apprentissage par projet est la seule qu'utilise l'enseignant dans son approche pédagogique disciplinaire. Là comme ailleurs, il convient de varier les approches si l'on veut se protéger contre les inévitables effets d'habituation qu'entraîne la répétition démesurée d'un stimulus. L'enseignant-motivateur sait cela. Il utilise alors cette approche à bon escient, l'intégrant à d'autres formules dans son enseignement et protégeant ainsi son pouvoir réel de motivation.

L'évaluateur

Dans l'apprentissage par projet comme dans toute autre formule pédagogique, l'enseignant n'échappe pas à sa responsabilité d'évaluer la qualité des apprentissages réalisés. Nous ne discuterons pas en détail ce rôle, qui fera l'objet d'une partie importante du prochain chapitre. Toutefois, nous souhaitons attirer l'attention du lecteur sur trois sujets principaux en cette matière : 1) la responsabilité de l'évaluation, 2) le caractère continu de l'évaluation et 3) l'importance de la rétroaction.

Tout d'abord, en ce qui regarde la responsabilité de l'évaluation, il n'est pas interdit de penser que l'on puisse pratiquer des formes partielles d'autoévaluation ou d'interévaluation chez les apprenants. C'est probablement même souhaitable pour peu que l'on respecte certaines conditions déjà exposées en détail dans un ouvrage antérieur (Proulx, 1993). Cela dit, soyons clair : c'est d'abord – et ultimement – à l'enseignant que revient cette responsabilité, et l'apprentissage par projet n'échappe pas à ce principe. L'enseignant qui utilise cette formule doit donc prévoir des modalités explicites d'évaluation qui lui permettront de rendre compte personnellement, aux yeux de la société, des

80

apprentissages réalisés par ses élèves. L'organisation scolaire est ainsi faite que l'enseignant est le mandataire de cette fonction et ce serait en quelque sorte de l'abus de confiance que de se délester de cette responsabilité.

De plus, l'évaluation, dans l'apprentissage par projet, est un processus continu, un *ongoing assessment* comme le soulignent Goodrich, Hatch *et al.* (1995). Cela suppose que l'enseignant-évaluateur fait porter son attention et son jugement sur l'ensemble du processus d'élaboration et de réalisation du projet, et non seulement sur le produit final. À différents moments à l'intérieur de ce processus, il évalue ou quantitativement ou qualitativement les apprentissages réalisés par ses élèves. Non seulement c'est là une façon de vérifier si les apprenants progressent dans leurs tâches, mais c'est aussi une manière de les soutenir, de les motiver ou de leur donner l'heure juste quant à ce qui est attendu d'eux. C'est aussi une façon de leur faire voir que les efforts qu'ils fourniront et les apprentissages qu'ils réaliseront seront d'abord ce qui sera pris en compte dans l'évaluation de leur performance, et pas tant le produit final qu'ils auront livré. Il ne faut tout de même pas négliger complètement cet aspect, comme on le verra au prochain chapitre.

Enfin, il faut voir dans le rôle d'enseignant-évaluateur la présence d'un nécessaire mécanisme de feedback pour qu'un apprentissage non seulement se réalise pleinement, mais donne aussi lieu à la recherche d'autres apprentissages, consacrant ainsi le caractère continu du processus d'acquisition de connaissances. En fournissant à l'apprenant des rétroactions sur ce qu'il a accompli, l'enseignant ne fait pas que l'informer d'un état de fait ; il l'informe aussi sur ses possibilités et sur ses limites. Cette information est cruciale pour l'apprenant dans la perspective d'autres apprentissages qu'il aura à réaliser ou voudra bien réaliser. On voit bien en ce sens que l'enseignant ne doit pas concevoir son rôle d'évaluateur au seul coin de celui qui doit, quantitativement, rendre des comptes, mais aussi de celui qui doit apprécier qualitativement et de façon soutenue les efforts et les performances des apprenants. Cela veut dire leur fournir des rétroactions sur leur conduite, sur leurs attitudes, sur leur participation, sur leur collaboration avec leurs pairs, bref sur leur contribution générale à la réalisation à terme du projet.

Voilà donc, *grosso modo*, en quoi pourraient consister les principaux rôles de l'enseignant dans l'apprentissage par projet. Le tableau 2 les met ici plus en évidence.

Tableau 2 : **Rôles principaux de l'enseignant dans l'apprentissage par projet**

Agents	Rôles	Description
Enseignant	• Entraîneur	• Observe attentivement. • Prend les décisions stratégiques. • Donne une marge d'autonomie aux apprenants. • Tolère le risque et l'incertitude.
	• Animateur	• Organise et supervise les activités en classe. • Interagit efficacement avec le groupe-classe. • Aide à la résolution de problèmes de façon mesurée.
	• Motivateur	• Développe la confiance en soi chez les apprenants. • Encourage et renforce positivement et régulièrement les apprenants. • Définit les progrès réalisés. • Intègre cette formule pédagogique à d'autres, elles aussi utilisées.
	• Évaluateur	• Assume clairement cette responsabilité par des modalités d'évaluation appropriées. • Évalue qualitativement et quantitativement les apprentissages des apprenants, et ce, de façon relativement continue. • Fournit régulièrement des rétroactions aux apprenants.

Les rôles de l'apprenant

Le mandataire

Nous l'avons déjà mentionné, l'apprentissage par projet est une formule pédagogique qui laisse une large place à l'autonomie des apprenants. Quand un enseignant propose à ceux-ci la réalisation d'un projet, il leur confie en quelque sorte un mandat, même si, à proprement parler, c'est en leur nom qu'ils réaliseront le projet et non pour représenter ou remplacer l'enseignant. Par extension de sens, donc, les apprenants se voient confier le mandat « d'apprendre par eux-mêmes » pour ainsi dire au moyen d'un projet à réaliser.

Il faut comprendre ici qu'on est à un moment clé de l'apprentissage par projet. Il s'agira pour l'enseignant de bien faire saisir aux apprenants la démarche dans laquelle ils s'engagent et, au fond, ce que l'on attend d'eux. Il faut donc obtenir de leur part un engagement à l'action. Il n'existe pas de réussite possible dans l'apprentissage par projet si, au départ, l'apprenant ne s'engage pas sérieusement et avec force à « livrer la marchandise » attendue.

Pour cela, non seulement l'apprenant devra bien comprendre les buts ou objectifs poursuivis par son enseignant qui favorise cette formule, mais il devra aussi saisir l'occasion qui lui est fournie de se donner lui-même des buts ou des objectifs à atteindre dans l'espace de manœuvre que lui offre cette formule. Il importe donc ici que l'enseignant fasse bien comprendre aux apprenants l'occasion qui leur est donnée – pour une fois, dira-t-on… – de déterminer dans une mesure significative le contenu des apprentissages à réaliser. Cela pris en compte, l'enseignant aura la partie plus facile pour, au besoin, retourner les apprenants à leurs devoirs ; c'est ce que l'on appelle l'imputabilité !

Quand les apprenants auront compris les objectifs poursuivis et qu'ils s'en seront donné eux-mêmes, viendra alors le temps de s'engager véritablement dans l'action. Bien que cela ne soit pas toujours nécessaire, il convient pour l'enseignant de recueillir à cet égard des engagements relativement formels de s'acquitter du mandat confié. Selon le degré de maturité de son groupe-classe, l'enseignant peut solliciter des engagements écrits ou, encore il peut s'accommoder d'engagements verbaux publics pris en classe par les apprenants. Ce qui importe, c'est que chacun des apprenants procède à un tel engagement de façon que, à n'importe quel moment dans la conduite du projet, l'enseignant puisse toujours rappeler à son engagement initial un apprenant qui ferait faux bond. Il est souhaitable d'ailleurs qu'un tel rappel soit régulièrement effectué par l'enseignant à l'ensemble des équipes de sa classe pour garder les apprenants vigilants à cet égard.

Le participant

Il apparaît certes simpliste d'affirmer qu'un des rôles des apprenants dans la conduite des projets est d'y participer. Pourtant, nombre d'enseignants peuvent témoigner que la présence physique en classe n'annonce pas toujours – beaucoup s'en faut – la disponibilité de l'esprit à s'engager dans un processus d'apprentissage. La formule par projet, nous l'avons vu, loge à l'enseigne des formules de pédagogie active ou différenciée. À ce titre, elle ne peut livrer sa promesse d'efficacité que si l'apprenant comprend bien son rôle de participant et qu'il s'insère dans cette formule comme un agent actif de son processus d'apprentissage. Il importe que l'enseignant fasse bien comprendre aux élèves cette responsabilité qu'ils ont de s'engager à toutes les phases du projet, sinon l'effort consenti et le temps consacré seront disproportionnés par rapport au peu de résultats obtenus en termes d'apprentissage. Mais à quoi reconnaît-on une participation positive d'un apprenant dans un projet ?

Premièrement, celui qui participe positivement à la conduite de son projet est non seulement présent en classe, mais il est aussi ponctuel. « Il se présente aux matches », comme aiment le dire les sportifs. Deuxièmement, il persévère dans la tâche. Ses efforts sont assidus et on peut compter sur lui aux divers moments du projet. Troisièmement, il connaît bien son rôle et ses responsabilités dans le projet et s'en acquitte scrupuleusement. On notera ici l'invitation qui est faite à l'enseignant d'amener effectivement les membres d'une équipe de projet à se partager des rôles précis pour que chacun se sente partie prenante de la conduite du projet. Enfin, quatrièmement, participer positivement à un projet, c'est maintenir sa motivation pour le réaliser, c'est démontrer un intérêt constant en posant des questions à l'enseignant ou à ses pairs, en essayant de trouver des réponses ou des solutions aux difficultés ou aux questions qui surgissent en cours de route et, enfin, en optant pour la qualité. Celui qui participe positivement à son projet ne se contente pas du moindre effort ou du « ça va faire comme ça ». Il mène son projet dans la perspective de pouvoir en tirer de la satisfaction, voire de la fierté.

Le collaborateur

Puisque, la plupart du temps, les projets sont réalisés en équipe, il devient évident qu'un des rôles clés, de l'apprenant sera d'utiliser ses ressources non seulement au profit du projet lui-même, mais aussi au profit de ses pairs. En ce sens, il doit être plus qu'un agent actif, il doit être un agent interactif. Il doit suggérer, mais aussi écouter et, selon le cas, adhérer aux suggestions de ses pairs. Il doit assumer son rôle, mais aussi aider les autres à assumer le leur. Il doit faire concorder ses champs d'intérêt avec ceux de ses pairs, s'affirmer tout en laissant de la place pour les autres, se motiver et motiver ses pairs, partager les réussites comme les échecs, etc. Ce qui est en cause ici, ce sont les éléments de base de bonnes habiletés interpersonnelles. L'apprentissage par projet est une occasion manifeste pour l'enseignant de développer chez ses élèves de telles habiletés. Mais il importe que, dès le début du projet, ceux-ci soient bien sensibilisés par l'enseignant à cette condition importante de la réussite des projets. Les apprenants doivent être des agents collaborateurs.

Le tableau 3 nous présente de façon synoptique les principaux rôles de l'apprenant dans l'apprentissage par projet.

Tableau 3 : **Rôles principaux de l'apprenant dans l'apprentissage par projet**

Agents	Rôles	Description
Apprenant	• Mandataire	• S'engage à bien mener le projet. • Comprend les objectifs d'apprentissage et se fixe des objectifs pour lui-même.
	• Participant	• Est présent et ponctuel. • Persévère dans la tâche. • Connaît son rôle, ses responsabilités et s'en acquitte. • Maintient sa motivation.
	• Collaborateur	• Agit de façon interactive. • Aide ses pairs dans leurs rôles. • Est attentif et ouvert aux suggestions de ses pairs. • Fait concorder ses centres d'intérêt avec ceux de ses pairs. • Motive ses coéquipiers. • Est solidaire de ses pairs dans les résultats du projet ou de chacune de ses étapes.

Les caractéristiques des apprenants

L'apprentissage par projet, comme formule pédagogique, ne peut pas bien sûr être appliqué tous azimuts et sans tenir compte des publics auxquels il s'adresse. Cela est vrai non seulement pour l'usage de la formule elle-même, mais aussi pour la nature des projets à réaliser et pour le type d'intervention pédagogique qui sera approprié. Comme exemples, considérons quelques caractéristiques.

Le sexe des apprenants

Les garçons n'ont pas forcément les mêmes centres d'intérêt que les filles, ni les mêmes habitudes, voire les mêmes méthodes de travail. Dans les milieux actuels de l'éducation, la différence marquée dans le rendement scolaire en faveur des filles est l'objet de grandes préoccupations. Selon plusieurs enseignants, l'apprentissage par projet contribuerait à réduire cet écart, parce que les garçons aiment être « actifs » dans leurs apprentissages. Tant mieux si c'est le cas. Il y a probablement lieu pour l'enseignant de tenir compte de cette donne non seulement dans l'usage de la formule des projets, mais aussi dans la nature même de ces derniers. Cela dit, il faut se méfier aussi des stéréotypes simplistes et se protéger contre le « nivellement par le bas » en refusant de se laisser convaincre que l'œuvre intellectuelle appartient aux filles et le travail manuel aux garçons. En pédagogie aussi, il faut savoir tirer les leçons de l'histoire !

Le niveau de scolarité

On n'utilise pas l'apprentissage par projet avec le même type d'encadrement selon que l'on s'adresse à des apprenants du primaire ou à des apprenants du collégial ou de l'université. Dans ces derniers cas, les apprenants pourront se voir accorder une autonomie à peu près complète dans la conduite de leurs projets, l'enseignant se limitant alors à une fonction de conseil générale. Dans le cas des apprenants du primaire, l'autonomie qui leur est accordée demeure assez relative et l'enseignant devra assurer un encadrement assez serré en assumant au quotidien les rôles décrits précédemment. Il en va de même pour la nature des projets qui pourront être proposés aux apprenants selon leur niveau de scolarité, la règle étant bien sûr ici de passer du simple au complexe à mesure que l'on progresse dans les années de scolarité.

Les champs d'intérêt des apprenants

Par-delà même les champs d'intérêt de chacun des apprenants qu'il est nécessaire de prendre en compte, on observe de plus en plus aujourd'hui la mise en place de programmes de formation voués à des créneaux d'excellence qui accueillent une clientèle aux centres d'intérêt spécifiques à l'intérieur d'un même groupe-classe. Pensons par exemple aux programmes de sports-études, arts-études, musique-études, théâtre, anglais intensif, études internationales, etc. Il va de soi que l'enseignant qui œuvre dans de tels programmes doit tenir compte de ces regroupements chez ses élèves dans le choix des projets à envisager. Quant aux préférences individuelles, l'enseignant ne peut certes pas s'engager à les satisfaire toutes, mais il aura avantage dans le regroupement des équipes de projets à favoriser la mise en commun de champs d'intérêt similaires ou partagés.

Le temps

Dans l'apprentissage par projet, le temps est un facteur important à considérer. Par le facteur temps, nous entendons non seulement le temps exigé pour la réalisation des projets, mais aussi le temps disponible dans la plage horaire et dans le calendrier scolaire. Cela vaut surtout pour la réalisation de projets à moyen et à long terme.

Il est difficile d'établir des normes ou des règles claires en cette matière. En général, on peut suggérer qu'une séance de travail sur un projet donné devrait au moins s'étendre sur une période de soixante minutes pour que les apprenants aient véritablement le temps de faire progresser leur projet. Également, les séances de travail en ce domaine devraient se tenir selon une certaine périodicité qui ne devrait pas permettre des intervalles de plus d'une semaine entre les séances.

Quoi qu'il en soit, ce qu'il faut surtout retenir à propos du facteur temps, c'est la nécessité pour l'enseignant et pour les apprenants de se donner un échéancier précis, de l'insérer dans un devis ou dans un plan de réalisation du projet et de le respecter ou de le faire respecter (pour l'enseignant).

En outre, il faut toujours garder à l'esprit le rapport coûts-efficacité. Plus le temps consacré au projet est grand, plus on est en droit d'être exigeant sur le plan de l'efficacité attendue. Il ne sert à rien de consacrer beaucoup de temps à un projet dont les retombées en termes d'apprentissage demeurent minimales.

L'environnement

Il serait fastidieux ici d'énumérer en détail tous les facteurs environnementaux à considérer dans l'application de l'apprentissage par projet. Nous voulons surtout attirer l'attention de l'enseignant sur le fait qu'une approche pédagogique comme celle-là reste toujours contextualisée et, de ce fait, soumise à des conditions environnementales favorables ou défavorables. Le soutien institutionnel (administratif et professionnel), les ressources du milieu (entreprises, commerces, institutions, ressources humaines disponibles), le milieu urbain ou rural, la présence de groupes communautaires, la collaboration des parents, le soutien logistique (matériel divers, reprographie, ressources informatiques, etc.), le budget disponible, etc., voilà autant de facteurs, avec bien d'autres, qui viendront faciliter ou non, selon le cas, l'application de l'apprentissage par projet. L'enseignant doit donc avoir une idée assez juste des ressources et des limites de l'environnement dans lequel vivent les apprenants avant d'autoriser un projet.

Bien sûr, les conditions d'utilisation que nous venons de présenter ne sont pas complètes. Nous avons retenu celles que nous croyions devoir considérer parmi les premières. Comme nous venons de le mentionner, il appartient aux enseignants qui désirent utiliser cette formule de déterminer l'ensemble des conditions susceptibles d'influencer favorablement ou défavorablement les projets à réaliser. Ce travail préliminaire effectué, il leur sera possible de passer à l'élaboration même du projet. Nous examinerons, dans le prochain chapitre, l'une des démarches possibles à cet égard.

Chapitre 7

Les étapes de réalisation d'un projet

Dans la littérature portant sur les étapes à suivre dans la réalisation d'un projet, plusieurs propositions peuvent être relevées. Nous avons retenu, quant à nous, une démarche qui emprunte à plus d'un auteur – bien qu'elle corresponde sensiblement à celle proposée par M. LeDoux (2003) – et qui synthétise en quelque sorte l'essentiel des moments clés dans la conduite d'un projet. Cette démarche globale se divise en quatre étapes principales à l'intérieur desquelles on trouvera bien sûr des moments différents réservés à des tâches ou à des activités particulières. Il importe de préciser ici que les étapes suggérées commencent avec le travail des apprenants, laissant supposer qu'au préalable un travail de réflexion, de clarification d'objectifs et de conceptualisation aura été fait par l'enseignant, comme nous en avons fait mention au chapitre précédent. Ces étapes, donc, sont :

– la préparation du projet ;

– la mise en œuvre du projet ;

– l'évaluation du projet ;

– la disposition[1] du projet.

La figure 4 illustre ici la séquence de ces étapes. Elle s'inspire en partie d'un schéma déjà bâti par Guilbert et Ouellet (1997).

---

1. Le terme « disposition » réfère ici aux suites à donner au projet.

Préparation
• Clarification et explication des intentions pédagogiques. • Choix du projet. • Planification du projet.
Mise en œuvre
• Formation des équipes. • Dégagement d'un fil conducteur. • Recherche d'information. • Coordination du projet.
Évaluation
• Types d'évaluation. • Principes relatifs à l'évaluation de projets. • Quelques formules d'évaluation de projets.
Disposition
• Le projet présenté en classe. • Le projet diffusé publiquement. • Le projet comprenant une forme de tarification… • Le projet à relations interpersonnelles soutenues.

*Figure 4 : **Démarche de réalisation d'un projet***

Bien que ces étapes se présentent dans un ordre progressif, il pourra arriver, selon la nature du projet, que l'ordre des étapes d'évaluation et de disposition soit inversé. Il est en effet permis de penser que la disposition que l'on fera d'un projet puisse faire partie de son évaluation, auquel cas l'étape d'évaluation mettra fin au projet. À l'inverse, on peut aussi imaginer des projets dont l'évaluation est terminée, mais dont la suite reste à concrétiser.

La préparation du projet

«Tant vaut la préparation, tant vaut l'enseignement», écrivait Morissette (1989). L'affirmation pèche peut-être un peu par audace. Il n'en demeure pas moins qu'un projet conçu à la hâte ou à la va-comme-je-te-pousse a toutes les chances de se fracasser au moindre récif ou encore de se diluer tellement en cours de route qu'il aurait probablement mieux valu, d'un point de vue pédagogique, tout simplement ne pas l'entreprendre considérant le rapport coûts-bénéfices atteint. Il faut donc bien préparer son projet. Comment? En prêtant attention selon nous à trois tâches principales:

- la clarification et l'explication des intentions pédagogiques;

- le choix du projet;

- la planification du projet.

La clarification et l'explication des intentions pédagogiques

Nous avons souligné au début de ce chapitre que les étapes proposées ici commençaient avec le travail des apprenants laissant supposer donc qu'un travail de réflexion et de conceptualisation avait d'abord été fait par l'enseignant. Cela demeure juste même pour cette première étape de clarification et d'explication des intentions pédagogiques.

Pour cette première étape, nous nous reportons essentiellement à un travail de clarification et d'explication d'intentions pédagogiques qui est fait *par* l'enseignant mais *adressé aux* apprenants. En clair, ceux-ci doivent savoir et comprendre quelles intentions pédagogiques animent leur enseignant pour qu'il leur propose cette approche. Non seulement doivent-ils les comprendre, mais aussi y souscrire. Dans cette optique, il est manifeste que l'enseignant a un rôle de «vendeur» à assumer. Il doit clarifier et bien expliquer ses intentions pour mieux convaincre. Cette première étape relève donc de sa responsabilité d'abord, mais elle interpelle aussi les apprenants dans l'attitude d'écoute et de collaboration qu'elle leur demande d'accorder à leur enseignant pour qu'ultimement leur propre formation puisse bénéficier du choix d'une telle approche.

Certains puristes de la terminologie actuelle en éducation s'étonneront peut-être ici du fait que nous utilisions les termes «intentions pédagogiques» au lieu de «buts», «objectifs» ou «compétences». C'est à dessein que nous recourons au terme «intentions». Avant même de formaliser à l'aide des verbes appropriés – si chers aux «canonistes» de la terminologie éducative... – les énoncés de buts, d'objectifs ou de compétences, l'enseignant doit se poser les questions générales mais combien pertinentes : «Qu'est-ce que je veux faire avec mes élèves cette année ? Qu'est-ce que je veux qu'ils apprennent, qu'ils développent ?» Les enseignants connaissent bien ces questions, les premières qu'ils se posent quand ils se retrouvent en début d'année, penchés sur la feuille blanche qui attend les premières phrases d'un enseignement qui s'annonce. Effectivement, ces questions sont incontournables et elles se présentent au sommet de l'entonnoir quand on veut arrêter nos choix pédagogiques. En cela, elles relèvent plus d'une clarification d'intentions pédagogiques que d'une formulation pointilleuse d'énoncés de compétence. Au demeurant, une explication simple et claire des intentions pédagogiques a plus de chances de susciter une réponse positive et engageante chez les apprenants qu'un usage par trop fidélisé de la langue de bois en éducation. Non pas qu'il n'y ait pas lieu à un moment donné de formaliser précisément des objectifs – entre autres pour faciliter l'évaluation du projet –, mais ce ne devrait pas être la porte d'entrée première de l'approche-projet. À cette étape de la clarification et de l'explication des intentions pédagogiques, il faut *convaincre*; il faut alors se parler dans un langage qui nous est commun et familier. Quand cela sera fait, la formulation d'objectifs ou d'énoncés de compétence plus précis et plus formels pourra s'engager.

Enfin, il coule de source que clarifier et expliquer ses intentions pédagogiques, cela signifie non seulement expliquer ce que l'on veut que les apprenants développent, mais aussi répondre à des questions comme :

- Pourquoi l'approche-projet ?
- Pourquoi un projet collectif ou des projets individuels ou un projet par équipe ?
- Pourquoi un projet disciplinaire ou un projet interdisciplinaire ?
- Pourquoi un projet court, un projet-étape, un projet-année ?

Le choix d'un projet

À peine l'enseignant et les apprenants ont-ils clarifié les motifs du choix pédagogique arrêté que, déjà, ils se retrouvent à l'un des moments cruciaux de la formule d'apprentissage par projet. Il s'agit de savoir ce sur quoi les apprenants vont travailler. En d'autres termes, il leur faut choisir un sujet ou un thème de projet. Nous disons que c'est un moment important d'une part, parce que la richesse ou la pauvreté de contenu d'un thème exerce une influence certaine sur la qualité des apprentissages que l'on peut espérer d'un projet et, d'autre part, parce que le choix d'un projet doit se faire sous certaines conditions pour éviter des dérives majeures en cours de réalisation. Ces conditions sont :

- la pertinence du sujet de projet par rapport au programme de formation ;
- l'engagement de l'enseignant dans le choix du sujet ;
- l'intérêt des apprenants ;
- l'existence de ressources disponibles ;
- la faisabilité du projet dans le contexte de l'organisation scolaire.

La pertinence du sujet de projet par rapport au programme de formation

À l'évidence, il devrait être entendu que les projets choisis ont un contenu qui se rapporte au programme de formation de l'apprenant, programme déjà établi selon son niveau scolaire. On comprendrait très bien la pertinence d'un projet dans lequel des apprenants, dans un cours de français, se proposeraient de produire un « journal de l'école ». À l'opposé, on resterait très perplexe devant un projet d'apprenants en mathématique qui consisterait en l'organisation d'une exposition d'objets antiques. Un projet de cette nature, on en conviendra, se prêterait davantage à l'atteinte d'objectifs de formation en histoire par exemple.

D'aucuns diront que nous forçons un peu la caricature ici et que de tels projets – si peu pertinents – sont probablement rares dans l'enseignement. Nous le reconnaissons. Mais la question de la pertinence ou non des sujets de projets en pédagogie n'est généralement pas manichéenne ; elle admet des *degrés* de pertinence. S'il est relativement facile d'isoler les projets clairement non pertinents, l'exercice demande plus de réflexion et de perspicacité quand il s'agit de déterminer un degré de pertinence adéquat ou satisfaisant pour un projet donné par rapport aux objectifs de formation poursuivis ou établis. Dans un cas ultime, un habile dialecticien parviendra souvent à établir conceptuellement de tels liens de pertinence, et c'est là un danger qui guette le pédagogue selon nous. La pédagogie et le projet ne sont pas des fourre-tout pour les individus en mal d'innovation ou d'expériences. Si, parfois, l'évidence mène à juger de la non-pertinence de certains sujets de projets en fonction du programme de formation, une évidence analogue devrait mener à juger de la pertinence d'un sujet de projet. Sans vouloir éliminer tout doute ou tout risque, nous pensons que, dans l'apprentissage par projet, il faut se méfier des sujets ou des thèmes qui exigent des constructions intellectuelles sophistiquées pour que leur pertinence, de mince lueur, puisse apparaître. En ce domaine, la clarté du jour devrait prévaloir, malgré son caractère forcément relatif.

L'engagement de l'enseignant dans le choix du sujet

En principe, dans l'apprentissage par projet, l'enseignant exerce d'abord un rôle de médiateur entre les élèves et les apprentissages à réaliser. Nous avons toutefois mentionné antérieurement qu'il faudrait éviter, par un tel rôle, de placer l'enseignant sur une voie de garage et de le confiner ainsi à un rôle de simple observateur parfois participant. Cette précaution doit être prise dès le moment du choix du sujet.

Dans la littérature pédagogique, les positions divergent quelque peu quant à savoir si les enseignants devraient agir impérativement dans le choix des sujets de projets. Cependant, il y a généralement un consensus selon lequel les enseignants devraient au moins pouvoir fournir aux apprenants une liste plus ou moins exhaustive de possibles sujets de projets et leur en suggérer quelques-uns selon l'intérêt exprimé. Cette position de sens commun ne manque ni de pertinence ni de justifications.

Disons tout d'abord qu'en principe l'engagement de l'enseignant dans le choix d'un sujet devrait être inversement proportionnel au niveau de formation des apprenants. Au cégep et à l'université, par exemple, les apprenants sont généralement bien au fait des objectifs de formation qu'ils poursuivent. Leurs connaissances et leurs expériences sont suffisamment nombreuses pour nous laisser croire qu'ils peuvent eux-mêmes trouver des sujets de projets qui soient féconds du point de vue de l'apprentissage. À ces niveaux, l'implication de l'enseignant dans le choix des sujets pourra être plus discrète, ce qui, bien sûr ne l'empêche absolument pas de fournir à ses élèves une liste de sujets suggérés si cela semble à propos. À l'opposé, au primaire d'abord et au secondaire ensuite, il est fortement recommandé que l'enseignant fournisse aux apprenants une liste de sujets définis qui puissent donner lieu à la réalisation d'un projet. Plusieurs raisons appuient cette recommandation.

D'abord, à ces niveaux de formation, les apprenants ont moins de connaissances et d'expériences antérieures de nature à les aider à trouver plusieurs idées de projet et à arrêter ensuite leur choix sur l'une en particulier. À cet égard, l'intervention de l'enseignant – par l'établissement d'une liste de sujets possibles – pourra s'avérer très facilitante pour éviter à l'apprenant le « syndrome de la page blanche ».

Une autre raison pour appuyer la participation de l'enseignant au choix des sujets est que les apprenants – surtout au primaire et au premier cycle du secondaire – ne sont pas toujours en mesure d'anticiper un certain nombre de difficultés souvent présentes dans la conduite d'un projet et parfois liées au sujet lui-même. La rareté des ressources informationnelles et leur accessibilité, les coûts en argent et en temps, les collaborations extérieures qui seront sollicitées, etc., autant de conditions dont les apprenants n'ont pas toujours une connaissance adéquate en début de projet. En suggérant des sujets qu'il connaît minimalement, l'enseignant sera alors plus en mesure de pallier ces difficultés anticipées ou de les éviter en ne retenant pas le sujet.

Cela nous conduit d'ailleurs à une autre raison pour encourager la participation de l'enseignant. En recourant à une liste de suggestions, l'enseignant peut mieux s'assurer que les sujets choisis appelleront à des connaissances minimales chez lui. Non pas, bien sûr, que l'enseignant doive tout savoir sur tout, mais pour bien conseiller les apprenants et les guider adéquatement dans la réalisation de leur projet, il est largement recommandé que l'enseignant puisse avoir une idée tant soit peu significative des sujets. Cela lui permettra, avec ses apprenants, d'identifier des pistes de recherche et des façons de procéder pour mener à terme le projet. Si, par contre, le sujet proposé par un ou des apprenants représente pour lui un « trou noir », l'apprenant risque de se retrouver bien seul dans la conduite de son projet. Les risques d'avortement de ce dernier en seront évidemment augmentés.

Enfin – et peut-être surtout –, c'est en principe l'enseignant qui est le mandataire de la formation des apprenants. En termes de responsabilités, c'est à lui que l'État demande de mettre en place les conditions d'atteinte des objectifs de formation établis. Pour cette seule raison, tout ne peut pas être admissible comme sujets de projets. C'est parce qu'il connaît les objectifs de formation poursuivis que l'enseignant est le mieux en mesure de proposer des sujets de projets qui soient susceptibles d'aider les apprenants à atteindre ces objectifs.

Évidemment, cette orientation n'exclut absolument pas que l'on tienne compte de ce qui intéresse les apprenants, comme nous le verrons dans les prochaines lignes. C'est même là une approche tout indiquée qui ne viendrait qu'enrichir les suggestions de l'enseignant. Cette orientation établit plutôt clairement qu'en dernier recours l'enseignant devrait toujours avoir un droit de veto sur les sujets admissibles à la conduite de projets. Cette approche pédagogique influence trop les façons d'enseigner et d'apprendre pour que l'enseignant accorde en ce domaine une latitude inconditionnelle aux apprenants. Certes, il doit user avec discernement de ce droit de veto pour ne pas tuer dans l'œuf la curiosité, la créativité et l'autonomie des apprenants dans leur apprentissage. Mais dire que le choix des sujets de projets est une question qui ne concerne pas l'enseignant, c'est franchement renoncer à l'une de ses responsabilités.

L'intérêt des apprenants

Cela dit, il est clair – comme nous venons de l'annoncer – que les sujets proposés devraient prendre en compte l'intérêt des apprenants si l'on veut non seulement que les projets soient menés à terme, mais aussi que leur profit, en termes d'apprentissage, soit maximisé. Nous avons en effet déjà mentionné que de nombreuses études ont montré que les étudiants sont plus motivés à apprendre quand leur objet d'apprentissage correspond à certains de leurs centres d'intérêt. Partant de là, leurs chances de tirer un profit maximum de ces apprentissages s'en trouvent significativement augmentées.

Mais comment s'assurer que la démarche-projet saura tenir compte de l'intérêt des apprenants ? Plusieurs stratégies sont possibles et elles peuvent être utilisées séparément ou en concomitance. Ainsi, l'enseignant peut :

– puiser dans ses connaissances et ses expériences antérieures pour choisir un certain nombre de sujets qui ont su, par le passé, satisfaire l'intérêt des apprenants. Pour être efficace, une telle stratégie doit toutefois assurer périodiquement une mise à jour de la liste des sujets suggérés ;

– proposer une liste de sujets aux apprenants et leur demander d'ajouter ou d'éliminer certains sujets avant d'effectuer leur choix ;

– recueillir des idées auprès des apprenants par une technique de remue-méninges ou par une technique apparentée ;

– demander aux apprenants de réfléchir sur le sujet durant une semaine et de mettre ensuite sur papier un certain nombre de sujets (trois à cinq) qui répondraient à leur intérêt tout en satisfaisant aux objectifs de formation poursuivis ;

– demander aux apprenants de lire durant une période approximative de deux semaines un certain nombre d'articles de revue ou de journaux et d'y relever les sujets qui les ont intéressés et qu'ils aimeraient approfondir ;

– demander aux apprenants de faire un rapport en trois colonnes dans lequel ils présenteront respectivement :

1) un certain nombre de sujets qu'ils connaissent bien et qui leur sont familiers ;

2) un certain nombre de sujets qu'ils connaissent mal, mais qui les intriguent et suscitent leur curiosité ;

et, enfin,

3) un certain nombre de sujets pour lesquels ils ont des habiletés ou des talents particuliers.

Partant de là, l'enseignant peut retenir les diverses informations qui lui permettront de dresser une liste de sujets possibles pour la réalisation de projets. Il peut aussi prévoir, dans ce rapport, une section de suggestions commentées dans laquelle l'apprenant lui-même traite les informations fournies dans la perspective d'en appliquer quelques-unes à la réalisation d'un projet qu'il pourrait proposer. À titre d'exemple, le tableau 4 indique ce que pourrait contenir un tel rapport.

Tableau 4 : *Exemple d'un rapport de sujets d'intérêt pour les apprenants*

Identification

Nom : _____

Classe ou groupe-classe : _____

Matière ou cours : _____

Mes connaissances particulières	Mes interrogations particulières	Mes habiletés particulières
• Je connais bien le fonctionnement des ordinateurs et de plusieurs logiciels. • Je connais bien la plupart des sports professionnels. • _____	• Je me demande bien ce que sera le monde de l'information électronique dans 25 ans. • Je me demande comment on pourrait en arriver à déterminer quel serait le sport le plus profitable pour le corps humain. • _____	• J'ai un talent particulier pour la peinture, le dessin et le graphisme. • J'ai des habiletés naturelles en éducation physique et dans la pratique des sports. • _____
Commentaires et suggestions pour la réalisation d'un projet :	• Ce serait intéressant de créer un site Internet dans lequel on retrouverait un grand nombre d'informations sur la contribution des principaux sports au développement physiologique de l'être humain.	

101

En terminant sur ce sujet, mentionnons que tenir compte de l'intérêt des apprenants dans le choix des sujets de projets est une précaution qui ne sert pas uniquement le choix du sujet lui-même, mais aussi l'orientation particulière du projet, bref sa définition. Par exemple, si un groupe-classe ou une équipe décidait de réaliser un projet sur un thème ou un sujet comme « la ville », il y aurait de multiples perspectives selon lesquelles on pourrait envisager la réalisation du projet. Il pourrait être alors pertinent pour un enseignant de savoir que, dans son groupe-classe, des élèves s'intéressent à l'écologie, d'autres à la politique, d'autres encore aux festivals, aux traditions ou aux légendes urbaines, etc.

L'existence de ressources disponibles

On se doutera bien que, dans la grande majorité des cas, la réalisation d'un projet repose sur la disponibilité de ressources financières, matérielles, informationnelles et humaines. S'assurer de la disponibilité de ces ressources est une précaution indispensable dans la préparation d'un projet. Bien que cela relève presque de l'entendement populaire, il arrive encore parfois que des enseignants et des apprenants déchantent en cours de réalisation de projet quand les ressources sur lesquelles ils comptaient, ou celles – nécessaires – qu'ils n'avaient pas prévues, fassent défaut et empêchent la réalisation du projet. À cet égard, le rôle de l'enseignant est important. Dans la mesure du possible, il doit avoir assez de connaissances et de perspicacité pour prévoir en début de processus les ressources dont les apprenants devront disposer pour mener leur projet à terme. Par exemple, dans les cas suivants, des questions s'imposent.

- Dans un projet à incidence économique : la somme d'argent nécessaire est-elle disponible ? Y a-t-il une possibilité de commandites, d'activités de financement, etc. ?

- Dans un projet de fabrication d'un produit : le matériel nécessaire est-il disponible ?

- Dans un projet d'exposition : y a-t-il un local d'exposition qui convient ?

– Dans un projet d'activité communautaire : les personnes-ressources nécessaires seront-elles disponibles au moment de l'activité ?

– Dans un projet de recherche : y a-t-il suffisamment de documentation accessible sur le sujet ?

Certes, dans bon nombre de projets, on ne pourra pas prévoir toutes les ressources nécessaires et les ajustements en cette matière sont pratiquement inévitables. Le fait d'être informé de cette précaution au départ peut néanmoins éviter bien des lendemains malheureux.

La faisabilité du projet dans le contexte de l'organisation scolaire

Dans la même veine, s'il est une formule pédagogique qui commande une bonne dose de réalisme, c'est bien celle du projet. «Les grandes intentions annoncent les petits résultats», dit l'adage. Avant de «lancer» les apprenants dans la réalisation d'un projet, il faut s'assurer que celui-ci est bel et bien faisable en mesurant les efforts nécessaires dans le contexte scolaire qui prévaut.

Évidemment, bien des facteurs concourent à la faisabilité ou non d'un projet, certains prévisibles, d'autres pas. D'entrée de jeu, toutefois, l'examen de certains facteurs s'impose. Avant de décider du sujet d'un projet, il faut prendre en considération :

– le temps : celui requis et celui dont on dispose ;

– le degré de complexité du sujet ;

– les caractéristiques des apprenants ;

– les réactions du milieu.

Le temps

Certains sujets de projets exigent, en termes de temps pour se réaliser, une disponibilité telle des apprenants et de l'enseignant qu'il faut absolument en prendre la mesure avant d'arrêter le choix sur un sujet donné. C'est une chose d'organiser une journée ou deux d'échanges coopératifs dans une classe; c'en est une autre de mettre sur pied une véritable coopérative de matériel scolaire! Ce qui devient périlleux dans les projets trop ambitieux, c'est non seulement la persévérance dans la réalisation, mais aussi le temps résiduel disponible pour d'autres disciplines de formation dans le curriculum ou encore pour d'autres éléments de contenu de cours qui doivent être vus dans la même discipline.

Pour ces raisons, nous pensons que les enseignants qui connaissent peu la formule du projet devraient dans leurs premières expériences s'en tenir à des projets à plus ou moins court terme. Ils intégreront progressivement par la suite des projets plus coûteux en temps, lorsque leur expérience de cette formule le permettra.

Le degré de complexité du sujet

Le degré de complexité d'un sujet est, dans une certaine mesure, fonction des habiletés des apprenants. Mais, au-delà de cette condition sur laquelle nous reviendrons dans quelques lignes, il faut mentionner que la nature et l'étendue d'un sujet représentent parfois en elles-mêmes des défis trop complexes dans le contexte de l'organisation scolaire que l'on connaît. À ce moment, la solution n'est pas nécessairement de renoncer au sujet souhaité, mais plutôt d'en délimiter clairement les limites d'investigation. Un sujet comme « Sauvons la planète », par exemple, aurait tellement de ramifications que les apprenants risqueraient vite de s'égarer, de donner dans la valse-hésitation ou encore de « tourner les coins ronds » pour se sortir du labyrinthe dans lequel ils se sont engouffrés en choisissant un sujet d'une telle complexité. Il y aurait lieu alors de délimiter l'angle d'attaque et la portée que l'on veut donner à un projet en ce domaine. Ce pourrait être, par exemple, la réalisation d'un document visuel illustrant dix façons d'améliorer la qualité de l'air à domicile.

Les caractéristiques des apprenants

L'âge, le niveau de formation, l'appartenance socioéconomique, le sexe, le lieu de résidence sont autant de caractéristiques des apprenants, parmi bien d'autres, qui viennent faciliter ou, au pire, rendre impossible la réalisation d'un projet dont le sujet a peu à voir avec ces caractéristiques.

On ne voit guère comment des apprenants de 6 à 8 ans pourraient réaliser aisément un projet dont le sujet traiterait de la pornographie à l'écran. Des apprenants de troisième année du primaire pourraient-ils faire une analyse comparée de différents genres littéraires ? Un groupe-classe issu d'un milieu socioéconomique pauvre éprouverait certainement des difficultés à réaliser un projet de séjour en Polynésie française pour une immersion culturelle. Sans donner dans les stéréotypes bêtes, on peut penser qu'un enseignant travaillant uniquement auprès d'élèves de sexe féminin éprouverait probablement certaines difficultés à convaincre celles-ci de mettre sur pied, dans le cadre d'un projet, une équipe de football scolaire. De même, des apprenants de milieu rural, au premier cycle du secondaire, connaîtraient certainement des difficultés de transport s'ils souhaitent instaurer, comme projet, un système d'entraide scolaire après les heures de classe.

Autant d'exemples, finalement, qui ne font que rappeler ce que l'on annonçait quant aux sujets possibles à explorer dans le contexte d'un projet. *Less is more* dit-on. Traduisons cela par « Soyons réalistes » et donnons-nous des projets à la mesure de nos moyens, sans pour cela renoncer aux ambitions et aux idéaux légitimes.

Il reste à considérer la façon dont le projet choisi risque d'être reçu par le milieu, le cas échéant.

Les réactions du milieu

Certains sujets de projets – à contenu axiologique surtout – risquent aussi de heurter le milieu dans lequel le projet est conduit. Ce ne sont pas tous les directeurs ou toutes les directrices d'école qui accepteraient d'emblée un projet « graffitis » sur les murs de la classe ou de l'école ! Rappelons-nous qu'il y a à peine une dizaine d'années un projet d'installer des distributrices à condoms dans les écoles avait soulevé tout un tollé. Comment réagirait un propriétaire de station-service avec lave-auto si un projet d'élèves de l'école voisine consistait en l'instauration d'un « lavothon » gratuit durant toute l'année pour financer l'achat d'ordinateurs supplémentaires à l'école ? Comment réagiraient les enseignants et les enseignantes si des apprenants mettaient sur pied un stand d'information sur leur école dans un centre commercial, stand auquel devraient se présenter régulièrement des enseignants pour livrer l'information pertinente ? Déjà, on note par exemple que certaines entreprises privées ou publiques manifestent une certaine hésitation ou un essoufflement à l'idée de recevoir des élèves qui viennent cueillir de l'information à des fins de recherche. Quoi qu'on pense des devoirs de collaboration du milieu, le fait est que certains sujets de projets sont « dérangeants » pour ce milieu et il faut tenir compte de cette donnée dans le choix d'un sujet de projet.

Une fois les objectifs de formation bien définis et partagés, une fois le sujet choisi et la disponibilité des ressources vérifiée, arrive le dernier moment de l'étape de préparation du projet : sa planification.

La planification du projet

S'il est vrai qu'à elle seule une bonne planification de projet ne garantit pas à coup sûr la réussite de ce projet, il est quasi certain à l'inverse que l'absence de planification d'un projet conduira celui-ci à l'échec. Planifier, c'est organiser selon un plan le développement et la réalisation d'idées, d'actions ou de projets. Dans le cas de ceux-ci, nous proposons une démarche de planification en huit points principaux.

- La structuration en étapes.

- La spécification du contenu.

- La définition et le partage des tâches, des rôles et des responsabilités.

- L'établissement d'un calendrier de travail.

- La régulation du fonctionnement des équipes.

- La définition des méthodes de collecte de données.

- La précision des modes et des critères d'évaluation du projet.

- La précision de la disposition du projet.

La structuration en étapes

Il est important au départ que l'enseignant et les apprenants puissent configurer leur projet en grandes étapes pour avoir une vue globale de celui-ci et, ainsi, s'assurer de pouvoir garder le cap en cours de réalisation. Un peu à l'image des tracés et des itinéraires que l'on se donne avant un voyage, la structuration en étapes d'un projet lui donne en quelque sorte son orientation particulière. Par exemple, dans le cas qui nous occupe, nous avons proposé au lecteur une démarche de réalisation de projet en quatre grandes étapes, comme l'indique la figure 4.

Quand les grandes étapes du projet sont arrêtées et qu'elles lui donnent ainsi sa structure, le reste de la planification consiste à définir davantage le contenu de chaque étape. Toujours dans le cas qui nous occupe, nous avons déjà précisé deux moments de la partie «Préparation», soit la clarification des intentions pédagogiques et le choix du projet à partir d'un sujet ou d'un thème. Nous en sommes donc actuellement au troisième moment, qui est la planification opérationnelle du projet, et nous venons d'en présenter le premier point, soit la structuration du projet en grandes étapes.

La spécification du contenu

Il convient de préciser ensuite pour le bénéfice de l'enseignant et des apprenants l'étendue du sujet à traiter. Cette partie est importante, parce que c'est d'abord elle qui donnera au projet un caractère de réalisme et de faisabilité. Selon que l'on adopte l'idée d'un thème intégrateur auquel se greffent plusieurs projets d'équipes ou que l'on permet à chaque équipe de réaliser des projets somme toute assez différents, on pourra procéder de diverses façons pour spécifier le contenu.

Dans le cas d'un projet avec thème intégrateur, nous conseillons toutefois à l'enseignant une méthode de spécification qui laisse une assez grande latitude aux apprenants dans le choix des sous-thèmes à retenir : liste détaillée, remue-méninges, libre association, recherche documentaire, autant de méthodes qui garantiront un large choix de sujets, que l'on pourra par la suite resserrer en fonction notamment de l'intérêt des apprenants. S'il s'agit de plusieurs projets d'équipes différents, l'enseignant aurait probablement intérêt à demander tout de suite aux apprenants de se limiter à deux ou trois aspects de leur sujet – qu'il pourra ou non préciser selon le cas – plutôt que de chercher à dresser un tableau complet du même sujet, auquel cas la classe se retrouverait vite devant une explosion d'idées difficiles à gérer pédagogiquement. Évidemment, ces suggestions s'appliquent *mutatis mutandis* selon la nature et le sujet général du projet.

La figure 5 illustre l'exemple d'un projet dont le thème intégrateur serait « l'Arctique » et auquel viendraient se greffer différents sous-thèmes.

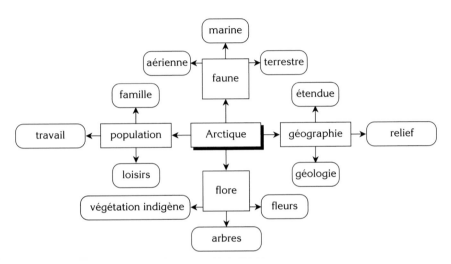

*Figure 5 : **Exemple d'un projet à thème intégrateur***

La figure 6 illustre l'exemple de quelques projets d'équipe dont on a limité l'étendue du sujet à traiter :

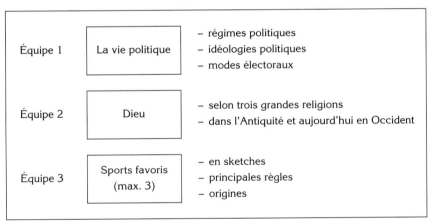

*Figure 6 : **Exemple de projets d'équipe différents à étendue limitée***

109

Dans le dernier exemple, on suppose qu'au chapitre des intentions pédagogiques l'enseignant aura clarifié avec ses élèves l'intégration des apprentissages que l'on peut obtenir par ces projets, en eux-mêmes fort diversifiés. Par exemple, la qualité de la langue parlée et écrite pourrait être un des apprentissages globaux à réaliser au moyen de ces différents projets d'équipe.

La définition et le partage des tâches, des rôles et des responsabilités

Cette partie de la planification d'un projet ne vaut, bien sûr, que pour le projet de classe ou les projets d'équipe. D'un point de vue pédagogique, elle vise essentiellement la mise à contribution de chacun des apprenants au(x) projet(s) retenu(s). Pour s'assurer que cela se fait de façon efficace, un certain nombre de précautions s'imposent.

– Dresser une liste des tâches, des rôles et des responsabilités exigées par le projet.

– S'assurer que cette liste est rédigée en équipe ou en groupe-classe selon le cas.

– Dans la mesure du possible, répartir les tâches, les rôles et les responsabilités en fonction des habiletés naturelles des gens d'abord et de leur choix ensuite. Éviter l'imposition d'une tâche, d'un rôle ou d'une responsabilité à moins que la situation ne le commande expressément.

– Distinguer entre les tâches, les rôles ou les responsabilités qu'exige le *contenu* du projet lui-même (par exemple : utiliser le logiciel de présentation PowerPoint) et ce qu'exige par ailleurs la *conduite* du projet (par exemple : un secrétaire, un animateur de réunion, un représentant, etc.).

– De façon que chacun se sente partie prenante du projet dans son ensemble, distinguer entre la responsabilité spécifique de chacun et la responsabilité collective. Se doter d'un mécanisme de rétroaction qui permet périodiquement à chacun de prendre connaissance de ce que font les autres membres de l'équipe. Au besoin, utiliser des formules plus systématiques de travail en équipe pour obtenir la synergie voulue[2].

L'établissement d'un calendrier de travail

Quand les tâches, les rôles et les responsabilités ont été définis et attribués, il est temps d'élaborer un calendrier de travail. En cette matière, la célèbre vertu d'Aristote – celle du juste milieu – devrait prévaloir. S'il faut éviter les calendriers trop pointilleux qui créent une pression néfaste sur les apprenants, il faut aussi que ces calendriers soient suffisamment détaillés pour assurer une progression constante dans le projet et pour rappeler aux apprenants les tâches qui leur incombent. Le tableau 5 propose un exemple d'un tel calendrier. On notera, d'une part, qu'il apparaît souhaitable de se donner un calendrier qui distingue entre les grandes étapes et les opérations proprement dites du projet. D'autre part, en ce qui concerne les opérations, il importe d'y associer le nom de personnes responsables non seulement pour mettre tous les participants à contribution, mais aussi pour établir clairement une règle d'imputabilité dans la réalisation du projet.

---

2. Le lecteur intéressé trouvera des conseils utiles à ce sujet dans J. Proulx (1999) et dans M. Ledoux (2003).

Tableau 5 : *Exemple d'un calendrier de projet*

Étapes	Dates	Opérations	Dates	Responsables
Préparation	1er au 14 sept.	• Clarification des intentions pédagogiques	1er au 3 sept.	Enseignant et apprenants
		• Choix du sujet	3 au 7 sept.	Enseignant et apprenants
		• Planification du projet	7 au 14 sept.	Apprenants
Mise en œuvre	14 sept. au 20 nov.	• Formation des équipes[a]	14 sept.	Enseignant et apprenants
		• Collecte et traitement des données	14 au 30 sept.	Pierre et Annie
		• Élaboration des éléments à présenter	30 sept. au 20 nov.	Tous[b] { Pierre → X, Marie → Y, Louis → Z }
Évaluation	15 au 20 déc.	• Évaluation par l'équipe	15 déc.	Équipe
		• Évaluations individuelles	15 au 20 déc.	Pierre, Marie, etc.
		• Évaluation par l'enseignant	20 déc.	Enseignant
Disposition	20 nov. au 15 déc.	• Préparation des présentations	20 nov. au 1er déc.	Tous[b] { Pierre → X, Marie → Y, Louis → Z }
		• Présentations	1er au 15 déc.	Équipe et individus pour les parties du projet

a. Les équipes de projets peuvent être formées à l'étape de la « Préparation » au moment du choix du sujet ou encore au tout début de l'étape « Mise en œuvre ». Cela dépend de la nature du projet et des intentions pédagogiques de l'enseignant. De toute façon, ce calendrier est présenté ici à titre d'exemple.

b. Certaines opérations sont la responsabilité de tous, mais elles se subdivisent en tâches ou en sous-opérations qui, elles, relèvent de responsabilités individuelles.

La régulation du fonctionnement des équipes

Cet aspect de la planification doit faire l'objet d'une attention particulière. Sans sombrer dans un formalisme lourd et par trop contraignant, il est souhaitable que les apprenants, regroupés en équipes, s'entendent pour observer un certain nombre de règles de fonctionnement qui donnent aux projets de meilleures chances de réussite. Ces règles doivent concerner à la fois les attitudes, les comportements et les modes de fonctionnement de l'équipe. On y abordera entre autres :

- le nombre de rencontres à l'extérieur de la classe ;
- les conséquences aux absences ou retards répétés ;
- les conséquences aux manques d'efforts minimaux des apprenants ;
- les attitudes à faire prévaloir en cas de conflits ;
- les façons de prendre les décisions ;
- les attitudes et les comportements à manifester entre membres de l'équipe lors de réunions ;
- les principes d'éthique à respecter dans la conduite du projet ;
- les attitudes et les comportements à manifester à l'égard de toute autre personne extérieure à l'équipe mais intervenant dans le projet (enseignants, consultant, citoyens, etc.).

Plusieurs enseignants favorisent à cet égard une « pédagogie de contrat » par laquelle l'apprenant est appelé à s'engager formellement à respecter les règles établies et acceptées. Bien qu'elle ne soit pas toujours nécessaire – elle est même parfois contre-indiquée chez des groupes matures, par exemple à l'université –, cette approche peut certainement s'avérer utile pour les apprenants du primaire et du secondaire. Il appartient principalement à l'enseignant de déterminer, avec ou sans la participation des apprenants, la liste des engagements à respecter et des conséquences à accepter faute de se conformer à ces engagements.

La définition des méthodes de collecte de données

Dans la très grande majorité des projets, les apprenants ont à recueillir un volume substantiel d'informations. Cela ne se fait pas selon l'air du temps et à n'importe quelle source. Dans la planification du projet, il importe de déterminer des sources crédibles d'informations et des méthodes fiables pour recueillir ces informations. Le réseau Internet, les bibliothèques, les revues en kiosque, les interviews, les questionnaires, le visionnement de documents télévisuels, l'observation de milieu, voilà autant de sources ou de façons de recueillir des informations qui contiennent à la fois des vertus et des pièges.

À ce moment-ci, surtout pour les apprenants du primaire et du secondaire, l'enseignant a un rôle clé à jouer pour bien conseiller les apprenants sur leurs sources et leurs méthodes de collecte d'information. Il ne faut pas craindre d'être exigeant en cette matière et d'inciter les apprenants à « dépasser le premier coin de rue » dans leur quête d'informations. C'est là une pratique que l'on n'a malheureusement pas assez développée dans les nouvelles approches pédagogiques et on en voit les conséquences fâcheuses aujourd'hui aux ordres supérieurs d'enseignement.

La précision des modes et des critères d'évaluation du projet

Puisque les projets constituent bel et bien des activités d'apprentissage, il va de soi que, dans un contexte de formation scolaire, ces projets doivent être évalués. À cet égard, il est impératif que les apprenants sachent, avant même de s'atteler au projet, *comment* ils seront évalués et *ce sur quoi* ils le seront. En d'autres termes, de concert avec les apprenants, l'enseignant doit préciser les modes et les critères d'évaluation. Nous reviendrons en détail sur cette question. Pour l'heure – celle de la planification –, les apprenants devraient par exemple être en mesure de savoir si l'évaluation :

- sera uniquement sommative ou formative en plus ;

- se fera en tenant compte de la remise d'un travail ou rapport écrit, d'un examen, d'un exposé, de la présentation d'un produit, de la démonstration publique d'une technique ou d'un art, d'une rencontre verbale avec l'enseignant ;

- relèvera uniquement de l'enseignant ou en plus des pairs, des membres de l'équipe, de personnes extérieures ;

- portera sur le résultat final du projet ou sur l'ensemble du processus ;

- portera exclusivement sur la réalisation du projet lui-même ou sur les attitudes et les comportements des apprenants, etc.

Cette idée de définir au préalable les modalités et les critères d'évaluation – que ce soit fait par l'enseignant seul ou conjointement avec les apprenants – ne se justifie pas seulement par des raisons de *fair-play* selon lesquelles les apprenants ont un droit légitime de savoir sur quoi ils seront évalués. Elle vise aussi à clarifier la situation d'évaluation au profit même de l'enseignant. Toutes les cartes étant ouvertes sur la table, aucun apprenant ne peut, en fin de processus, plaider l'ignorance pour justifier une récrimination à la suite d'une note qu'il juge trop faible. À partir du moment où le contrat d'évaluation est clair, public et accepté par tous au départ, la balle est désormais dans le camp des apprenants. D'un point de vue pédagogique, c'est là un excellent marché !

La précision de la disposition du projet

Par « disposition » du projet, nous entendons le sort qui sera réservé au projet, une fois réalisé ; comment, en bref, nous en disposerons. La première idée qui vient à l'esprit, à cet égard, est bien sûr que l'enseignant recevra un rapport écrit du projet, avec ou sans présentation orale, et qu'il l'évaluera pour ensuite remettre les résultats aux élèves. Mais c'est là une vue de l'esprit qui assombrit la riche diversité des projets au plan des apprentissages à réaliser. Selon la nature même des projets, plusieurs suites peuvent leur être données, outre la remise d'un rapport écrit. Par exemple :

- Une pièce de théâtre ou un spectacle de musique ou de variétés peuvent être présentés devant le personnel de l'école, devant les parents ou autres et cela peut faire ou non partie de l'évaluation.

- Une exposition ou un stand peuvent s'adresser au public en général.

- Une brochure, un dépliant ou un document d'information peuvent être distribués à des publics cibles.

- Un document d'informations visuelles ou écrites peut être confié à une bibliothèque ou inséré dans une banque de données.

- Une activité peut être offerte à un public cible ou au public en général.

- Un produit peut être vendu publiquement, auquel cas il faudra prévoir et faire connaître l'utilisation qui sera faite de l'argent reçu.

- Une aide à une clientèle en difficulté peut être offerte, auquel cas il faudra faire connaître les limites de cette aide, etc.

On aura compris que dans la planification d'un projet, quand la nature de celui-ci s'y prête et que les objectifs de formation le demandent, il faut pouvoir préciser à l'avance de quelle façon le projet « rejoindra » le milieu visé. Cette dimension de l'apprentissage par projet associée à la communication constitue souvent un bénéfice à la marge dont on sous-estime l'importance. Le savoir sert l'humanité dans la mesure où il est communiqué. En pédagogie, il faut encourager les projets qui demandent aux apprenants qu'ils fassent des efforts pour communiquer les résultats de leur projet, bref leur savoir nouveau. C'est, parmi d'autres, une façon de leur faire apprendre qu'ils participent eux aussi pour un temps à l'évolution sociale, fût-ce de façon modeste.

Cela termine la présentation des principaux points à considérer dans l'étape « Préparation du projet ». Ces précautions prises, les apprenants peuvent maintenant se consacrer véritablement à la réalisation du projet. Ce sera la deuxième étape : celle de la mise en œuvre du projet.

La mise en œuvre du projet

Le travail de préparation terminé, arrive le moment de mettre les mains à la pâte, c'est-à-dire de réaliser le projet. C'est l'heure du *knowing by doing*, comme nous le mentionnions au début de l'ouvrage. D'un point de vue théorique, il y a moins à dire sur cette partie du projet que sur la précédente, bien qu'elle en soit la partie centrale. Cela se comprend bien dans la mesure où les apprenants sont ici en action, mais dans des actions qui ont été préparées en amont et qui seront évaluées en aval, deux endroits du processus fort importants en pédagogie. Cela ne signifie toutefois pas qu'au cœur de l'apprentissage (dans la réalisation du projet) l'enseignant puisse bénéficier d'une longue pause-café… ! Il y a aussi à cette étape de la démarche-projet un certain nombre de considérations à garder à l'esprit. Nous en proposerons sept.

La formation des équipes

Nous avons déjà abordé ce point dans la partie « planification » de l'étape de préparation. Planifier un projet peut effectivement inclure les tâches de former des équipes et de répartir les responsabilités une fois le sujet de travail arrêté. Mais on peut très bien concevoir aussi que, dans une partie « réalisation de projet », on puisse procéder à la formation d'équipes qui, à partir d'un thème intégrateur, auront à préciser leur propre sujet de projet. On pourrait même concevoir que les différents sujets, gravitant autour du thème central, puissent avoir été choisis par la classe en entier et que chaque équipe s'en voie assigner un ou plusieurs à sa convenance. En fait, aucun dogme n'est imposé ici : tout dépend de la nature du projet et des objectifs de formation poursuivis. Si, toutefois, on considère l'idée que la formation des équipes et la répartition des tâches font partie de l'étape de réalisation, il faudra à notre avis porter attention à trois points principaux :

- le nombre d'apprenants par équipe ;
- le critère clé de regroupement ;
- le dynamisme interéquipe.

Le nombre d'apprenants par équipe

Sous réserve de conditions justifiant un nombre différent, l'équipe fonctionnelle est généralement constituée de trois à cinq personnes (Davis, 1993). Au-delà de ce nombre, les risques d'inefficacité et de « paresse sociale » augmentent sensiblement (Proulx, 1999). En deçà de ce nombre, la richesse des points de vue risque de se trouver amoindrie. C'est d'ailleurs là une des raisons qui nous fait encourager les projets par équipe plutôt que les projets individuels, lesquels, en outre, alourdissent de façon périlleuse la tâche de supervision de l'enseignant.

Le critère clé du regroupement

La question du regroupement est délicate et commanderait, à elle seule, un chapitre tout en nuances. Si nous devions toutefois dégager une orientation générale en ce domaine, ce serait de favoriser autant que possible la formation d'équipes réunissant des individus qui éprouvent une attraction certaine (équipe cohésive). La cohésion ne garantit pas toujours l'efficacité, mais elle évite très souvent des problèmes sérieux. Par degré d'attraction, nous entendons que, pour des points importants de leur personne, ces individus présentent des similitudes entre eux (homogamie). En ce qui concerne toutes les réserves pertinentes que nous pourrions faire à ce sujet, nous renvoyons le lecteur à l'ouvrage *Le travail en équipe* (Proulx, 1999) et aux propos substantiels de LeDoux (2003) dans son ouvrage *Le travail en projet à votre portée*.

Le dynamisme interéquipe

Différentes formules de travail en équipe encouragent un tel dynamisme, la plus connue étant probablement celle de l'apprentissage coopératif. L'idée centrale à cet égard est de favoriser, dans l'apprentissage par projet, une formule qui amène les membres de chaque équipe à non seulement être informés du déroulement des autres projets de la classe, mais aussi à pouvoir partager leurs points de vue entre eux sur ces projets. Cette sorte de synergie – que favorise beaucoup l'adoption d'un thème intégrateur – maximisera à coup sûr les bénéfices des apprentissages réalisés. Pour y arriver, il faut prévoir au cours du processus de réalisation des projets des moments où des échanges pourront se faire dans cette perspective.

Les équipes étant formées, ce sera par la répartition des tâches, des rôles et des responsabilités qu'elles pourront maintenant se mettre à l'œuvre. Cette répartition, nous l'avons vu antérieurement, devra autant que possible mettre à profit l'expertise de chacun et respecter aussi un juste équilibre entre la satisfaction des intérêts individuels et celle des intérêts de l'équipe.

Le dégagement d'un fil conducteur

Il est vrai, comme le souligne LeDoux (2003), qu'un des grands apports de la formule d'apprentissage par projet en pédagogie est d'amener l'apprenant à se servir de connaissances qu'il possède déjà pour en développer d'autres à même la réalisation d'un projet. Cette «construction de savoir» que nous avons brièvement commentée au début de l'ouvrage joue un rôle important dans l'acquisition de compétences dites transversales comme celles de la résolution de problèmes, du transfert de connaissances et de la pensée innovatrice. Il faudrait toutefois se garder de prétendre que l'exploration d'un nouveau champ de connaissances – qu'encourage la formule d'apprentissage par projet – puisse ou doive se faire à l'aveugle. Bien qu'il y ait inévitablement du tâtonnement et de l'essai-erreur dans la conduite d'un projet, on gagne beaucoup en efficacité si on demande aux apprenants de relever un ou des fils conducteurs (peu nombreux, préférablement) dans la mise en œuvre de leur projet.

Par « fil conducteur », nous entendons une idée maîtresse autour de laquelle graviteront les principales informations et actions relatives au contenu même du projet. En recherche, le « fil conducteur » correspond souvent à l'*hypothèse* de recherche, soit ce que l'on veut vérifier. Si donc le projet réalisé en est un de recherche, la formulation d'une hypothèse serait tout indiquée comme fil conducteur. Mais il existe d'autres types de fils conducteurs qu'on peut associer à un projet :

– Le diagnostic étiologique : qu'est-ce qui *cause* X ou Y ?

Par exemple, un projet en biologie dont l'intention principale serait d'expliquer les causes de la diminution marquée du nombre de grenouilles dans les étangs.

– La solution : que peut-on faire pour *résoudre* X ou Y ?

Par exemple, un projet dont l'intention principale serait de trouver des moyens de contrer le taxage à l'école.

> N.B. À plus d'un égard, la perspective adoptée s'apparente à la formule de l'étude de cas. Toutefois, elle est aussi plus large en ce qu'elle englobe souvent non seulement la recherche de solutions théoriques, mais aussi l'expérimentation et la validation de solutions à un problème reconnu, ce que ne permet pas toujours l'étude de cas.

– Le portrait descriptif : de quoi est *constitué* X ou Y ?

Par exemple, un projet dont l'intention principale serait de décrire en détail – possiblement à l'aide de maquettes ou de plans – de quoi est constitué un paquebot.

– L'opinion : devrait-on accepter que X ou Y... ?

Par exemple, un projet dont l'intention principale serait d'évaluer s'il serait souhaitable ou non de faire apprendre trois langues d'usage aux élèves du primaire.

- La vérification : est-il vrai que X ou Y... ?

Par exemple, un projet dont l'intention principale serait de vérifier s'il est vrai que la violence à la télévision encourage les comportements agressifs à l'école ou à la maison.

- La présentation : voici X ou Y.

Par exemple, un projet dont l'intention principale serait de présenter à un public donné le fruit d'un travail individuel ou collectif (exposition, spectacle, conférence, etc.).

L'idée d'inciter les apprenants à reconnaître un fil conducteur dans leur projet comporte plusieurs avantages :

- Elle permet de mieux définir les limites du projet, ce qui empêche que les apprenants « se perdent » en cours de réalisation.

- Elle clarifie pour l'enseignant le contenu des projets et facilite ainsi sa supervision.

- Elle amène les apprenants à mieux sélectionner l'information à obtenir, ce qui constitue une compétence importante à développer dans un contexte de surabondance d'information.

- Elle facilite le traitement de l'information recueillie en lui donnant un objectif ou un angle d'approche précis.

- Enfin, elle permet aux apprenants d'identifier avec plus de clarté et de précision – notamment en termes d'évaluation – la contribution de leur projet non seulement eu égard au sujet traité, mais eu égard aussi aux apprentissages que ce projet leur a permis de réaliser.

Pour ces raisons, l'identification d'un fil conducteur est une mesure que les apprenants ont intérêt à adopter chaque fois que c'est possible dans la conduite de leur projet.

La recherche d'information

En principe, pour la majorité des projets, la recherche d'information ne devrait pas constituer une difficulté importante dans un contexte où l'information explose littéralement aujourd'hui. Pourtant, le vieil adage disant que «trop c'est comme pas assez» risque de s'appliquer ici. En matière de recherche d'information, l'apprenant doit faire l'inventaire des ressources existantes en tenant compte de la valeur relative de ces ressources eu égard à son projet et décider comment il ira chercher cette information.

L'inventaire des ressources

Nous avons mentionné dans l'étape de préparation que l'enseignant – avec ou sans les apprenants – devait s'assurer de la disponibilité des ressources avant d'autoriser ou d'adopter un thème ou un sujet de projet. À l'étape de la mise en œuvre, les apprenants, seuls cette fois-ci, doivent dresser un inventaire relativement détaillé des ressources existantes, pertinentes pour la réalisation de leur projet. Il s'agit au fond de dresser un portrait ou une liste des sources d'information auxquelles puiser pour mener à terme le travail. Les apprenants pourraient, par exemple, vérifier :

– quelles sont les sources possibles de financement ;

– quels livres, journaux, articles de revues ou textes sur Internet, en bibliothèque ou ailleurs, peuvent documenter par écrit leur projet ;

– quels documents visuels (vidéos, cédéroms, émissions de télévision, etc.) peuvent faire de même ;

– quelles personnes-ressources ils pourraient rencontrer dans leur milieu (famille, école, ville, organismes, etc.) pour obtenir des renseignements utiles à leur projet ;

– quelles ressources logistiques leur seront accessibles (salle de spectacle, local de réunion ou d'élaboration du projet, matériels sonores, informatiques, visuels, équipement spécialisé, etc.).

Après avoir complété leur liste, les apprenants sélectionnent les ressources qui s'avèrent à la fois les plus pertinentes et les plus accessibles pour leur projet. L'enseignant peut alors exercer un rôle plus effacé en se contentant de suggérer, au besoin, des ressources complémentaires et en s'assurant que les apprenants feront preuve de jugement et de réalisme dans les ressources qu'ils retiendront. À cet égard, il importe toutefois que l'enseignant reste vigilant et qu'il exige que les apprenants fassent appel à des ressources informationnelles *crédibles*. Inévitablement, la surabondance d'information et la facilité d'accès à certaines d'entre elles encouragent une relative tolérance aux informations de première venue. En situation d'apprentissage, il faut exiger plus de discrimination.

La cueillette et le traitement de l'information

Il sera à la fois plus facile et moins coûteux en temps d'aller chercher l'information pertinente si, au préalable, un fil conducteur a été dégagé et si les ressources disponibles ont été bien identifiées et bien discriminées. Il existe évidemment plusieurs méthodes de collecte de données (les questionnaires, les entrevues, le résumé et l'annotation de documents écrits, le visionnement de documents visuels avec prise de notes, l'observation systématique du milieu, l'expérimentation ou le *testing* d'un procédé ou produit quelconque, l'enregistrement audiovisuel d'un événement, d'une situation, de comportements ou de témoignages, etc.).

Il n'y a pas lieu ici de passer en détail chacune de ces méthodes dans le contexte habituel des projets scolaires. Les particularités de chacune et leur étendue pourraient à elles seules faire l'objet d'un ouvrage. Il faut néanmoins insister pour que l'enseignant se soucie de développer chez ses élèves une compétence méthodologique minimale en matière de collecte de renseignements et, à cet effet, qu'il porte attention à la façon dont les apprenants rassemblent l'information et la traitent.

Par exemple, en ce qui regarde le rassemblement d'information lui-même et particulièrement lorsque celui-ci met en contact l'apprenant avec des personnes-ressources extérieures au projet (ex. : questionnaires, entrevues, production d'une vidéo, etc.), l'enseignant devrait exiger que l'apprenant présente avec soin son projet à ces personnes. Trop souvent en de tels cas, la présentation négligée d'un projet indispose le ou les répondants et contribue ainsi à plus ou moins long terme à une sorte de raréfaction des personnes-ressources collaboratrices. Un langage correct, une présentation claire des objectifs du projet et une assurance fournie aux répondants que les informations recueillies seront traitées avec objectivité, fidélité et rigueur – et au besoin confidentialité – figurent parmi les éléments clés d'une collecte d'information soignée.

De même, dans le traitement de l'information recueillie, les apprenants devraient effectuer cette tâche à la lumière de certaines précautions comme :

- retenir *toutes* les informations pertinentes et les traduire fidèlement. C'est là une question d'éthique de recherche ;

- distinguer, à l'aide du ou des fils conducteurs, les informations essentielles de celles qui sont accessoires ;

- prendre en compte la dimension pédagogique des informations pour une meilleure communication de celles-ci ;

- structurer les informations pour une meilleure compréhension d'abord et pour une meilleure communication ensuite.

La coordination du projet

Pour que la réalisation du projet aille rondement, il faut que celui-ci soit coordonné efficacement. Alors qu'en principe le travail de supervision des projets relève de l'enseignant, celui de coordination d'un projet relève, pour sa part, des apprenants qui le réalisent. Ce mécanisme d'autorégulation est, en termes d'apprentissage, un des acquis précieux de l'approche-projet réussie. Il importe donc que les apprenants s'y contraignent. Coordonner un projet demande en fait aux apprenants qu'ils adoptent un certain nombre de pratiques à respecter scrupuleusement dans la réalisation du projet. Examinons brièvement les principales.

Convenir d'une forme de leadership exécutoire

Si cela n'a pas déjà été fait à l'étape de la préparation du projet, l'équipe de projet désigne un ou des responsables de l'évolution des opérations liées à ce projet, non pas pour délester les autres membres de leurs responsabilités propres, mais plutôt pour s'assurer que le projet suivra son cours selon les termes convenus. Si tel n'est pas le cas, on pourra identifier une des sources du problème et les membres du groupe ne pourront pas plaider qu'ils se fiaient les uns sur les autres pour engager les actions à accomplir.

Mais, au-delà de cette question d'imputabilité, l'exercice d'un leadership adapté favorise d'abord et avant tout l'efficacité même du projet dans son évolution. Il solidarise les participants autour des tâches à accomplir en groupe et encourage chacun à maintenir bien active sa participation en vertu des tâches et des responsabilités individuelles qui lui ont été confiées.

Se rencontrer régulièrement

La conduite d'un projet se fait rarement de façon linéaire et automatique, de telle sorte qu'il suffirait de presser le bouton une fois, au début, pour amorcer l'action et, une seconde fois, à la fin, pour en constater les résultats. Des aléas d'ordres divers surviennent inévitablement en cours de processus de réalisation et – ne serait-ce que pour cette raison – des rencontres régulières entre les participants sont nécessaires pour définir et amorcer les ajustements souhaitables. Parfois, il faudra changer en partie l'orientation du projet, parfois il faudra trouver une solution rapide à un problème imprévu, vérifier si les tâches prévues à ce jour ont été accomplies, revoir l'échéancier au besoin, confier de nouvelles tâches ou responsabilités, discuter bien sûr des apprentissages réalisés, etc.

125

En général, quand l'apprentissage par projet est appliqué systématiquement par l'enseignant, ce dernier réserve des périodes régulières de classe à la conduite même des projets. Non seulement il le fait, mais il *doit* le faire surtout au primaire et au secondaire, là où les horaires de cours sont chargés et où les apprenants n'ont pas toujours la possibilité de se rencontrer à l'extérieur de la classe. Au collégial, les horaires de cours des apprenants sont un peu plus dégagés et la mobilité des élèves augmente aussi – ils ont maintenant l'âge de conduire une voiture –, de sorte que les besoins de réaliser l'essentiel du projet en classe sont moins évidents. Cela dit, signalons que même à cet ordre d'enseignement, le choix « d'enseigner et d'apprendre » par projet demande à l'enseignant de laisser, à l'intérieur même de ses cours, une large place à la réalisation du projet.

Consulter l'enseignant

Au début de cette partie, nous avons mentionné que la supervision des projets revenait à l'enseignant et la coordination aux apprenants. Cela dit, dans la mise en œuvre du projet et pour en faciliter la coordination, les apprenants devraient consulter périodiquement leur enseignant, non seulement en cas de problème – ce qui bien sûr est tout à fait indiqué –, mais aussi pour simplement recueillir son avis sur l'évolution générale du projet. Il ne faut jamais oublier que l'enseignant demeure une personne-*ressource* dans quelque formule pédagogique que ce soit. Durant la réalisation du projet, l'enseignant peut conseiller, suggérer, bonifier et même participer (mais de façon limitée) aux actions menées. En d'autres termes, il peut et devrait enrichir les projets dans la mesure évidemment des disponibilités requises et possibles. Nous reviendrons sur ce sujet dans la prochaine étape qui porte sur l'évaluation du projet.

Faire rapport

Enfin, une coordination efficace d'un projet demande aux apprenants de faire rapport périodiquement – la fréquence pouvant varier selon la nature et l'étendue du projet – sur les activités qu'ils ont réalisées individuellement d'abord et à plusieurs selon le cas. Bien sûr, la remise de tels rapports pourra servir à des fins évaluatives, comme nous le verrons dans la prochaine partie. Mais à l'étape de la mise en œuvre l'idée de « rapporter » régulièrement les activités réalisées par chacun sert d'abord à des fins d'information pour la conduite du projet et aussi à des fins de corroboration de l'engagement personnel de chacun. Il n'est donc pas nécessaire que la mise en forme de tels rapports soit sophistiquée à moins que ceux-ci servent explicitement à l'évaluation formative ou sommative. Le tableau 6 fournit un exemple de la forme que pourrait prendre un tel rapport sommaire.

On aura compris que c'est par la remise de tels rapports que l'équipe pourra suivre fidèlement le déroulement du projet et la contribution que chacun y apporte. De plus, elle aura ainsi un aperçu des apprentissages réalisés jusque-là à la lumière des objectifs visés ou des compétences à développer. Au besoin, un ajustement des normes de fonctionnement de l'équipe ou de l'un ou l'autre des membres pourra émerger de la prise en compte de tels rapports, évitant ainsi de fâcheuses dérives ou des efforts distribués inéquitablement.

Comme on peut le constater, la mise en œuvre d'un projet, bien que sujette aux imprévus et aux difficultés de parcours, ne saurait négligemment se faire si l'on veut que la formule d'apprentissage par projet remplisse ses promesses de formation. À cette étape, la vigilance de chacun des acteurs – enseignant et apprenants – est amplement sollicitée. La figure 7 nous montre en synthèse les grands axes de la mise en œuvre d'un projet. Le carré en pointillé indique que cet axe aurait pu aussi être engagé à l'étape de préparation du projet selon les besoins.

Tableau 6 : *Exemple de canevas d'un rapport sommaire d'activités*

Période	Tâches prévues	Tâches réalisées	Tâches à réaliser	Contributions
Du ——— au ———	Ce que j'avais à faire.	Ce que j'ai fait.	Ce qu'il me reste à faire.	• En quoi j'ai contribué à l'avancement du projet. • Les apprentissages réalisés par ces tâches ou activités.

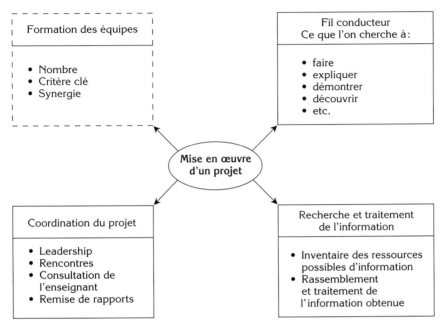

*Figure 7 : **Axes de mise en œuvre d'un projet***

L'évaluation d'un projet

En matière d'apprentissage, l'évaluation est une question fort complexe. Au départ, on pourrait même adopter le point de vue radical de Jacquard[3] et soutenir que ni l'apprenant ni l'enseignant ne devraient évaluer. Cela reviendrait à « la société », par l'intermédiaire de ses organismes accrédités d'évaluation. Mais comme l'organisation scolaire actuelle se situe à des années-lumière d'une telle perspective, laissons-la dans son trou noir ! À l'opposé, on pourrait aussi penser que c'est d'abord l'appre-nant qui connaît les apprentissages qu'il a réalisés et qu'en

---

3. Albert Jacquard soutenait que le rôle d'évaluation attribué à l'enseignant le plaçait dans une position intenable : « Les enseignants ne peuvent éviter d'être des traîtres... Ou bien ils trahissent la confiance de leurs élèves, qui attendent d'eux une totale connivence ; ou bien, ils trahissent le système social, qui attend d'eux un jugement sans faiblesse » (Proulx, 1993).

conséquence c'est lui qui doit s'acquitter de cette tâche : la consécration de l'autoévaluation, quoi ! Comme nous le verrons plus loin, nous avons de sérieuses réserves quant à cette façon de concevoir l'évaluation des apprentissages, façon qui gagne de plus en plus d'adeptes, notamment dans la formule de l'apprentissage par projet, le radicalisme en moins.

Mis à part cette dimension plutôt épistémologique, la complexité de la question de l'évaluation repose aussi sur le nombre et la diversité des typologies ou catégorisations qu'on lui a assignées : évaluation formative *vs* sommative, critériée *vs* normative, qualitative *vs* quantitative, participative *vs* directive, formelle *vs* informelle, objective (items) *vs* subjective (questions ouvertes), continue *vs* cumulative, etc. On ne s'étonnera pas qu'à vouloir tracer un portrait complet du sujet on a assisté à la naissance d'une discipline relativement récente : la docimologie. Évidemment, pour les besoins de l'ouvrage, nous allons limiter notre incursion en ce domaine. Nous nous efforcerons plutôt d'être « clair et simple » en allant à l'essentiel.

Nous distinguerons ainsi entre trois principaux types d'évaluation particulièrement mis à contribution dans l'apprentissage par projet. Ensuite, nous formulerons un certain nombre de principes qui devraient guider l'enseignant dans sa façon de concevoir et d'évaluer les projets de ses élèves. Enfin, nous terminerons par quelques propositions ou exemples de formes ou d'instruments d'évaluation applicables aux projets.

Types d'évaluation

On peut considérer l'évaluation d'un projet selon trois aspects principaux : 1) l'évaluation *formelle,* qui porte sur le degré d'atteinte des compétences ou objectifs visés et définis ; 2) l'évaluation *pratique,* qui porte sur le déroulement du projet lui-même et 3) l'évaluation *personnelle,* qui porte sur la contribution du projet à la formation de l'apprenant et sur la satisfaction que celui-ci en tire. Mentionnons tout de suite que ces trois types d'évaluation devraient être présents dans *tout* projet.

Bien sûr, on concevra difficilement qu'une évaluation formelle puisse se faire sans la contribution d'une évaluation pratique. Mais il faut aussi garder à l'esprit que dans la pédagogie par projet bon nombre d'apprentissages réalisés par l'apprenant le sont à la marge et après coup sans avoir vraiment été anticipés. Il est important que l'apprenant puisse rendre compte de tels apprentissages et c'est par une évaluation personnelle qu'il pourra le faire. Examinons succinctement chacun de ces types d'évaluation.

L'évaluation formelle

L'évaluation formelle renvoie aux objectifs ou énoncés de compétence visés et clairement définis à l'aube du projet. En clair, à partir du moment où l'enseignant et les apprenants associent à un projet des objectifs de formation bien clairs, ces derniers devraient être pris en compte dans l'évaluation. En principe, l'évaluation formelle devrait d'abord faire l'objet d'une évaluation sommative (quantifiée et dont le résultat est inscrit au dossier scolaire de l'apprenant). Il est toutefois souhaitable qu'une telle évaluation sommative soit enrichie d'une évaluation formative (qualitative et de type « rétroaction »). Parfois, ce sera même là la forme d'évaluation la plus indiquée. Par exemple, si l'on voulait atteindre une compétence comme « interagir de façon efficace avec autrui », il serait plus facile de *qualifier* les comportements des apprenants en cette matière plutôt que de les *quantifier*. Par contre, si l'on voulait atteindre une compétence comme « utiliser efficacement les technologies d'information et de communication », la mesure des comportements serait ici plus facile à concevoir. Nous reviendrons plus loin sur cette distinction entre l'évaluation sommative et l'évaluation formative. Pour l'instant, il s'agit plutôt de préciser qu'en matière d'évaluation formelle ces deux façons d'évaluer peuvent être utilisées conjointement.

Quand nous disons que l'évaluation formelle renvoie aux objectifs de formation visés et définis dans le projet, nous admettons bien sûr que ces objectifs puissent varier en nombre et dans leur

131

nature selon la discipline ou la matière concernées et selon le niveau scolaire des apprenants. Les diverses taxonomies d'objectifs d'apprentissage permettent toutefois de regrouper selon différents secteurs ces objectifs de formation ou ces compétences à développer. Ainsi, dans un projet, l'évaluation formelle pourra porter sur l'acquisition de compétences dans le secteur :

- cognitif : *p. ex.* l'apprenant a acquis de nouvelles connaissances et maîtrise de nouveaux procédés de recherche et de traitement de ces connaissances ;

- affectif : *p. ex.* l'apprenant a développé une conscience plus claire de ses forces et de ses faiblesses en tant que caractéristiques de personnalité ;

- interpersonnel : *p. ex.* l'apprenant a développé des habiletés à la coopération avec ses pairs et avec l'autorité ;

- communicationnel : *p. ex.* l'apprenant a appris à communiquer oralement et par écrit de façon claire et efficace ;

- méthodologique : *p. ex.* l'apprenant a appris à résumer un texte, à l'analyser, à le commenter, etc.

Il est fréquent que dans un projet de relative envergure on puisse relever des compétences à acquérir ou des objectifs de formation à atteindre dans tous ces secteurs à la fois. Dans une perspective d'évaluation formelle, nous conseillons toutefois aux enseignants de ne pas être trop ambitieux quant au nombre et à la diversité des objectifs visés. Cela n'empêchera pas qu'à la marge ou par dérivation des objectifs autres que ceux recherchés pourront être atteints ; cela permettra surtout de mieux circonscrire l'évaluation formelle à réaliser. Du même coup, la tâche d'évaluer formellement le projet sera facilitée. Ce qui doit être entendu, rappelons-le, c'est que l'enseignant et l'apprenant puissent rendre compte aussi objectivement que possible de l'atteinte des objectifs de formation visés. Dès lors, faire une formulation réaliste des objectifs à atteindre s'impose.

L'évaluation pratique

Comme nous l'avons déjà mentionné, l'évaluation pratique renvoie directement à l'exécution des tâches liées au projet. Il s'agit alors d'évaluer ce qui a été fait et comment cela a été fait. Bien que cette évaluation concoure inévitablement à l'évaluation formelle, elle s'en distingue aussi par l'accent qu'elle met sur le travail concret qu'effectuent les apprenants dans leur projet. Encore ici, le devis d'évaluation pratique pourra contenir des formules d'évaluation sommative et formative. Il est toutefois impératif qu'une évaluation de type sommatif occupe une place significative dans l'évaluation pratique, et cela, pour deux raisons principales.

Première raison, qu'on le veuille ou non, qu'on soit d'accord ou non avec l'importance des notes scolaires, il est évident que celles-ci constituent un puissant renforçateur de comportements. Rares sont les apprenants insensibles à une excellente ou à une faible note qui leur est attribuée. En ce sens, l'évaluation sommative encourage l'effort par la «récompense» qu'elle apporte ou signale l'effort à consentir pour l'obtention de cette même récompense. Il est vrai qu'on peut faire mauvais usage de l'évaluation sommative, mais c'est là une question bien différente de celle de savoir si l'on peut s'en passer. Quand les apprenants posent à leurs professeurs cette question qui les horripile au plus haut point : « *Est-ce que ça compte ?* », ils révèlent explicitement au moins une partie de ce qui les incite à s'investir dans le travail scolaire : la note à obtenir et le diplôme auquel celle-ci conduit. On peut bien déplorer que les vertus réelles de l'évaluation formative n'aient pas une prise plus grande chez les apprenants – mais encore faudrait-il le démontrer. Il n'en demeure pas moins que, si la note obtenue est en partie le salaire de l'apprenant, on peut par ricochet et avec une pointe de causticité demander à l'enseignant qui abhorre l'évaluation sommative s'il accepterait de maximiser ses efforts en l'absence de salaire... ! Mais, cela aussi, c'est une autre question !

La deuxième raison qui nous pousse à considérer comme importante la place d'une évaluation sommative dans l'évaluation pratique est que, par dérivation de la première raison, l'évaluation
sommative devient un moyen de contrôle efficace – pas le seul
– dans la réalisation du projet. Cela rend plus difficile ou plus
gênant l'abandon du projet en cours de route ou même simplement une diminution accentuée des efforts fournis à l'intérieur
du projet. L'évaluation formative peut aussi assurer cette fonction de contrôle, mais il est douteux qu'elle puisse le faire à elle
seule sur une base régulière sans l'apport d'une évaluation
sommative. L'expérience de nombreux enseignants plaide en
tout cas en ce sens.

Cela dit, comme c'était le cas pour l'évaluation formelle, l'évaluation pratique pourra varier beaucoup dans les formules utilisées selon la nature des projets et des objectifs de formation
qui leur sont assignés. *Grosso modo*, on peut toutefois penser
que quatre paramètres principaux devraient être pris en considération dans l'évaluation pratique d'un projet :

- **Ponctualité et assiduité** : dans quelle mesure chaque apprenant a été présent et ponctuel pour les séances de travail
  portant sur le projet, et ce, à chacune de ses étapes.

- **Acquittement des tâches et des responsabilités** : dans quelle
  mesure chaque apprenant s'est acquitté de toutes les tâches
  et responsabilités qui lui ont été confiées, et ce, selon
  l'échéancier prévu et à chacune des étapes du projet.

- **Qualité des efforts fournis** : dans quelle mesure chaque
  apprenant a accompli les tâches demandées et quels efforts
  ont été faits pour arriver à un résultat de qualité.

- **Qualité du résultat final** : quelles valeurs globales (quantitative et qualitative) accorder au projet dans son ensemble
  compte tenu de son contexte de réalisation et des habiletés
  des apprenants.

À la lumière de ces considérations, on voit bien poindre l'idée que l'évaluation pratique contribue grandement à faire en sorte que non seulement le résultat final est évalué – comme c'est souvent le cas dans l'enseignement traditionnel –, mais aussi que *l'ensemble du processus* de réalisation est pris en compte. Nous reviendrons plus loin sur cet aspect de l'évaluation d'un projet. Dans cette partie du chapitre, il nous reste à examiner le troisième type d'évaluation utilisé dans un projet, soit l'évaluation personnelle.

L'évaluation personnelle

Tout devis d'évaluation d'un projet devrait fournir à l'apprenant la possibilité d'évaluer la qualité de *tous* les apprentissages réalisés dans son projet et le degré de satisfaction qu'il tire de sa contribution à ce projet.

S'il est un type d'évaluation qui se prête particulièrement bien à des activités d'évaluation formative, c'est bien celui-ci. Nous dirions même qu'en général l'évaluation personnelle devrait être essentiellement de nature formative. La raison en est que c'est d'abord elle qui parvient le mieux à qualifier les apprentissages réalisés, soulagée qu'elle est des contraintes normatives qu'implique l'évaluation sommative. Dans l'évaluation personnelle, l'accent est mis directement sur les apprentissages réalisés et sur les problèmes qui ont pu en limiter le nombre ou en circonscrire la nature. En un sens, c'est là que l'évaluation formative remplit toutes ses promesses en informant personnellement l'apprenant des attributs et compétences qu'il a pu développer et de ceux qu'il lui reste à acquérir eu égard aux objectifs de formation recherchés.

Cette évaluation n'est pas « personnelle » au sens où l'enseignant devrait en être exclu. De fait, il pourrait y participer par une rétroaction qualitative qu'il fournirait à chaque apprenant en cours de projet et à la fin. L'évaluation est « personnelle » en ce qu'elle n'est pas exclusivement orientée vers l'atteinte d'objectifs de formation prédéterminés, mais plutôt ouverte à tout ce que l'apprenant pourra reconnaître comme apprentissages réalisés. On comprendra en ce sens qu'elle comporte une part d'idiosyncrasie dont l'apprenant peut le mieux rendre compte. Il faut donc l'inviter à procéder à cette évaluation. Cela développera chez lui une habileté plus grande à définir ses forces, ses faiblesses, ses axes de progression, les obstacles qu'il rencontre, etc. En outre, en lui demandant d'évaluer son degré de satisfaction quant à sa contribution au projet, on le fait exercer son sens critique et la capacité qu'il a de juger ses actes et ses attitudes sans biais démesurément valorisant ou dévalorisant. Nous verrons un peu plus loin un exemple illustrant la façon dont un apprenant pourrait procéder à une telle évaluation personnelle.

Nous venons de décrire sommairement trois types principaux d'évaluation que l'on devrait retrouver dans tout projet. Dans la partie qui suivra, nous énoncerons quelques principes de nature, selon nous, à guider les enseignants dans l'application de ces types d'évaluation.

Principes relatifs à l'évaluation de projets

Entente préalable sur les critères et les modalités d'évaluation

L'évaluation de projets devrait le plus possible donner lieu à une entente entre les apprenants et l'enseignant sur les critères et les modalités qui seront retenus aux fins de cette évaluation. Fondamentalement, c'est une question de transparence et d'honnêteté en pédagogie. Les apprenants ont le droit de savoir ce sur quoi ils seront évalués, et ce, *avant* de se mettre à la tâche. Connaître l'objet de l'évaluation permet d'orienter les efforts et d'éviter les malentendus souvent causes de récriminations en évaluation.

Cela dit, la question de savoir si les apprenants peuvent choisir eux-mêmes les critères et les modalités d'évaluation est un sujet plus complexe sur lequel on ne peut que tenir des propos contextualisés. Selon nous, le point central ici n'est pas de savoir s'ils ont ce droit, mais plutôt si on leur offre la possibilité de choix dans le respect des responsabilités de chacun et d'un certain «bon sens pédagogique». En dernier ressort, c'est au professeur que devrait revenir le mot final en évaluation. En tout cas, il serait certainement périlleux de l'en exclure. Néanmoins, dans une pratique pédagogique attentionnée, faire participer l'apprenant à son évaluation peut certainement s'avérer formateur. Voilà pourquoi la voie de l'entente est à privilégier.

Évaluations formative et sommative

Tout projet devrait autant que possible intégrer une approche bimodale dans l'évaluation qui en sera faite. Les rôles de renforçateur et de discriminant qu'exerce l'évaluation sommative font en sorte que, tôt ou tard, il faudra poser un jugement normatif sur la qualité des apprentissages réalisés en projet. Utilisée seule, l'évaluation sommative risque toutefois de prendre l'allure d'un jugement de dernière heure qui sépare l'ivraie du bon grain. Pour cette raison, il faut l'accompagner d'une évaluation formative qui, en fait, lui procure ses fondements et qui, surtout, sert de mécanisme continuel de rétroaction pour informer l'apprenant sur la qualité des apprentissages réalisés. Comme l'ont souligné Scallon (1988) d'abord et Allal (1991) ensuite, à trop vouloir dissocier l'évaluation formative de l'évaluation sommative, on a négligé la donnée cruciale que c'est d'abord en complémentarité que les deux doivent s'exercer.

Évaluation du processus et du résultat

On peut publier un excellent ouvrage et ne pas savoir écrire : il suffit de le faire écrire par quelqu'un d'autre ! Cette boutade pour le moins forcée évoque néanmoins le fait indéniable que le résultat obtenu n'est pas toujours un reflet fidèle des efforts faits pour l'obtenir. Il peut les sous-estimer aussi bien que les surestimer. Il en est de même pour les apprentissages réalisés dans un projet : le produit fini de ce projet n'en rend pas toujours compte. Par exemple, si, dans un projet où des apprenants veulent construire la maquette d'un village futuriste, un des objectifs de formation recherchés est celui de la coopération et de l'écoute entre les pairs, il est clair qu'à elle seule la maquette du village en question ne sera guère indicative du degré d'atteinte de cet objectif. Pour pouvoir en juger, il faut une évaluation qui s'inscrive à l'intérieur et tout au long du *processus* d'élaboration de ce village. En fait, c'est même là une partie importante de la richesse d'apprentissages que procure le projet : il fait en sorte que c'est au sein même du processus d'élaboration que se forme l'apprenant, le résultat étant à toutes fins utiles un « photo-finish » de ce qu'ont produit ces apprentissages. On pourrait même imaginer un projet qui a rempli la grande majorité de ses objectifs de formation sans qu'on ait pu en consacrer le résultat concret à cause d'un imprévu.

Évidemment, en termes d'évaluation, cela ne devrait pas signifier que tout « produit fini » d'un projet est sans importance. Le résultat anticipé a souvent un effet motivant et mobilisateur chez les apprenants, de sorte qu'il faut mettre en place les conditions pour l'obtenir aussi souvent que possible. De nombreux enseignants et apprenants qui utilisent l'approche-projet ont tellement hâte de voir leur projet arriver à terme qu'ils s'y consacrent avec un enthousiasme qui dépasse le cadre scolaire de leur formation. Il est normal en ce sens que le produit final donne lieu à une évaluation même si cette évaluation ne doit pas occulter ou sous-estimer la valeur des apprentissages réalisés en cours de processus.

Droit de veto de l'enseignant

Des auteurs comme LeDoux (2003) et Arpin et Capra (2001) insistent pour dire que, dans l'évaluation des projets, une large place doit être accordée à l'autoévaluation (évaluation par l'apprenant) et à la coévaluation (évaluation avec les pairs sous diverses formes). Nous avons déjà mentionné qu'il est tout à fait justifiable en pédagogie de vouloir associer l'apprenant à son évaluation. Reste à savoir ce que l'on doit entendre par une « large place » : selon nous, ce n'est certainement pas « toute » la place ! Rappelons que l'enseignant est le mandataire de la société pour témoigner de la qualité des apprentissages réalisés par les apprenants. C'est une responsabilité importante qui lui est confiée et il ne doit pas s'en décharger à l'aveugle. Qu'il en délègue une partie dans une perspective de formation se comprend aisément. Mais déléguer, ce n'est pas rendre les armes. Il importe que l'enseignant se réserve *en tout temps* un droit de veto sur les notes scolaires proposées par les apprenants, que ce soit sous forme de coévaluation ou d'autoévaluation. Ne serait-ce que pour éviter de possibles abus, des injustices ou des iniquités, l'enseignant doit se garder cette responsabilité. S'il adopte des formules d'autoévaluation ou de coévaluation, il n'est évidemment pas tenu de toujours intervenir pour modifier la note que s'attribuent les apprenants, mais il doit *toujours* avoir la possibilité de le faire. C'est ce que nous entendons par un veto à protéger. Évidemment, cela vaut pour l'évaluation sommative seulement. En matière d'évaluation formative, les jugements peuvent varier sans contrainte d'adhésion à l'un ou l'autre de ceux-ci exercés par l'enseignant ou par l'apprenant.

Évaluer le travail en équipe et le travail individuel

L'apprentissage par projet est une formule qui encourage nettement le travail en équipe. Pour cette raison, la question de savoir si l'on doit évaluer le rendement de l'équipe, le rendement individuel ou les deux à la fois se pose avec acuité. Ici encore, une réponse nuancée s'impose.

Avant tout, il est souhaitable qu'une évaluation du fonctionnement global de l'équipe soit faite. Idéalement, cette évaluation sera effectuée par les membres de l'équipe avec la participation de l'enseignant – fût-elle discrète – pour les raisons évoquées précédemment. Sans consacrer pleinement l'idée que le « tout est plus grand que la somme des parties », il est manifeste que le travail en équipe appelle à une mise en commun et à une synergie des efforts que l'on doit pouvoir évaluer globalement. En ce sens, l'évaluation du rendement de l'équipe est tout à fait indiquée dans l'apprentissage par projet. Nous y ajouterons toutefois une réserve ou une précaution : on peut évaluer le rendement global de l'équipe – sommativement, s'entend – à la condition de prévoir une disposition qui permettrait à tout apprenant d'en appeler sur une base individuelle de la note de groupe dont il a hérité s'il se sent lésé par cette note.

Pourquoi cette réserve ? Parce que les apprenants ne sont pas toujours objectifs ou équitables dans leurs évaluations. Pensons simplement aux élèves du primaire par exemple. Il se peut que l'évaluation qu'ils feront du travail de chacun pour en arriver à une note globale pour l'équipe soit injuste ou plus ou moins bien fondée. En ce cas, l'élève pénalisé devrait avoir droit à un ajustement de son évaluation. De même, il se peut que l'enseignant, en conférant une note globale à une équipe, sous-évalue les efforts et le rendement fournis par l'un de ses membres qui a dû compenser le parasitisme de certains autres membres. Dans ce cas aussi, l'élève devrait avoir droit à une évaluation équitable. Certains enseignants défendent une position radicale en ce domaine et pensent que c'est en soi un apprentissage bénéfique que d'apprendre à « sauver sa peau » en équipe. Attention ! Il y a une différence majeure entre s'affirmer correctement et ouvrir un conflit qui peut être dévastateur pour sa position dans un cercle relationnel. Si, après maintes tentatives d'ajustement mutuel, un élève ne peut obtenir justice auprès de ses pairs, il devrait pouvoir exposer son point de vue à une autorité ultime en la matière et cette autorité relève de l'enseignant. Ce dernier doit *toujours* reconnaître que l'évaluation sommative est un jugement porté sur le rendement de l'élève et ce jugement ne va pas sans conséquences pour l'avenir même de cet élève. En aucun cas, un élève ne devrait être exposé sans filet au jugement ou au travail négligé des pairs. Cette condition respectée, l'évaluation globale de l'équipe pourra alors s'effectuer de façon pédagogiquement profitable.

Dans cette même foulée du respect de l'individualité de chacun, on comprendra que, dans un devis d'évaluation de projet, il faut absolument faire place à une évaluation du rendement individuel de chacun des membres d'une équipe. Un plaisantin a déjà dit :

Par elle-même, une équipe ne produit jamais rien à moins d'être composée de trois membres dont un est absent et un autre malade... !

Évidemment, le propos est caricatural. Mais ce qu'il évoque est néanmoins très juste : le fondement d'une équipe, c'est la contribution *individuelle* de ses membres. Il n'y a pas d'esprit d'équipe possible, d'efforts collectifs, de mises en commun et de synergies possibles qui ne passent pas par l'investissement personnel de chacun. Cet investissement individuel *doit* être évalué. Avant d'enseigner à un groupe-classe, le professeur enseigne à 30 personnes. Il ne doit jamais l'oublier. Avant d'évaluer le rendement d'une équipe, il évalue le rendement d'individus. Pour que son évaluation soit fidèle et équitable, il doit pouvoir discriminer les rendements de chacun dans la conduite d'un projet.

On peut en conclure qu'idéalement un projet devrait se prêter à la fois à une ou à des évaluations individuelles et à une ou à des évaluations d'équipe sous réserve, dans ce cas, d'un droit d'appel individuel. Ainsi profilé, le devis général d'évaluation du projet a toutes les chances de rendre compte correctement des apprentissages réalisés, pour peu, bien sûr, que les formules d'évaluation soient adéquates. Cela nous conduit d'ailleurs à examiner à la fin de cette partie portant sur l'évaluation quelques formules ou instruments particuliers d'évaluation.

Quelques formules d'évaluation de projets

Il existe bien sûr une panoplie de formules possibles pour évaluer un projet. Nous en énumérerons quelques-unes ici qui nous paraissent particulièrement appropriées ; chacune sera accompagnée de quelques observations pertinentes pour son utilisation.

Le rapport d'activités (voir annexe 1)

- est plutôt de nature descriptive, assez succinct ; se limite surtout aux tâches réalisées, comparées à celles qui sont attendues ;
- se prête à une évaluation sommative ou formative ;
- est utile comme rapport d'étape pour réguler la progression des travaux ;
- peut être présenté sous forme de rapport d'équipe à condition que les contributions individuelles soient identifiables.

Le rapport d'apprentissage

- plutôt de nature réflexive et analytique ;
- place l'analyse du projet dans la perspective d'apprentissages réalisés en lien surtout avec les objectifs de formation visés, bien qu'il puisse aussi faire état d'apprentissages plus particuliers ;
- se prête à une évaluation sommative ou formative ;
- est plus utile dans une perspective d'évaluation individuelle.

Le rapport de projet (voir annexe 2)

- est produit à la fin du projet et porte un regard d'ensemble sur le projet réalisé, regard qui se fait avec un souci d'équilibrer la description et l'analyse ;
- dégage en synthèse les apprentissages réalisés à la lumière des objectifs de formation visés ;
- précise comment ces apprentissages s'intègrent à la formation et peuvent être transférés dans la vie courante ;
- doit nécessairement comporter une évaluation sommative, accompagnée de préférence d'une évaluation formative ;
- peut être présenté sous forme de rapport d'équipe à condition de comporter des addenda rédigés par chacun des membres de l'équipe.

Le journal de bord (voir annexe 3)

- de nature plutôt descriptive et anecdotique, doit néanmoins rapporter sommairement quelques apprentissages susceptibles d'être analysés plus substantiellement dans une autre formule d'évaluation plus appropriée à cette fin ;
- facilite une progression continue du projet par l'annotation périodique des contributions individuelles ;
- est une formule plus facile à utiliser sur une base individuelle ;
- procure de la souplesse et de la latitude dans les informations rapportées (faits, impressions, perceptions, questionnements, etc.) ;
- se prête à une évaluation sommative ou formative, bien qu'en général l'information formative puisse s'avérer plus appropriée parce que moins « menaçante ».
- se prête bien à l'évaluation dite personnelle qu'on a présentée dans ce chapitre.

Le portfolio

- de nature et de forme très diversifiées, sert un peu de fourre-tout[4] à l'apprenant pour y colliger les informations, les travaux réalisés, les textes consultés ou écrits par lui-même, l'agenda général du projet avec les tâches à réaliser et les objectifs visés, etc.
- souple d'utilisation, favorise une mise en ordre des éléments utiles à la conduite d'un projet ;
- est surtout utilisé sur une base individuelle ; on peut néanmoins en monter un pour l'équipe ;

---

4. Il faut comprendre le terme « fourre-tout » dans un sens mélioratif. Il s'agit en fait d'une sorte de porte-documents qui permet de classer, de repérer et d'utiliser rapidement toute information ou tout matériel utile à la conduite du projet. Loin d'appeler à un quelconque désordre, le portfolio met de l'ordre dans la réalisation d'un projet et se veut à cette fin une « trousse » fort utile pour l'apprenant.

- se prête à une évaluation sommative ou formative ;
- développe une certaine habileté à traiter l'information, en particulier au plan de sa classification et de sa catégorisation.

L'entrevue

- peut être plus ou moins structurée selon ce que l'on cherche à évaluer ;
- se prête à une évaluation formative ou sommative, mais, dans ce dernier cas, des raisons d'équité et d'exigence d'objectivité commandent une entrevue plus structurée. Dans le cas d'une évaluation formative, l'entrevue pourra être davantage exploratoire ;
- peut se faire en dyade (enseignant-apprenant) ou en groupe (enseignant-équipe). S'avère généralement plus riche et féconde en dyade quand le temps dont dispose l'enseignant lui permet de procéder ainsi ;
- se prête bien aux évaluations formelle et pratique quand l'enseignant veut notamment vérifier la contribution individuelle des membres et les apprentissages qu'ils disent avoir réalisés.

Les questions ouvertes (voir annexe 4)

- de nature plus analytique ou réflexive ;
- permettent non seulement de connaître les apprentissages réalisés, mais d'en obtenir une définition claire par écrit ;
- se prêtent très bien à l'évaluation dite formelle des projets qu'on a vue antérieurement ;
- permettent de cibler la réflexion sollicitée ;
- se prêtent avantageusement à une évaluation sommative ou formative ;
- sont plus utiles pour une évaluation de nature individuelle.

Les grilles d'évaluation (voir annexe 5)

- sont de nature très diversifiée (grilles d'évaluation critériée, échelles d'attitudes, échelles de perception, échelles d'appréciation ou de satisfaction, grilles d'évaluation de la participation, grilles d'observation de comportements, etc.) ;
- permettent une économie de temps dans l'évaluation ;
- dans le cas de certaines d'entre elles, encouragent une relative objectivité dans l'évaluation (ex. : grille d'observation et grille d'évaluation critériée) ;
- permettent, pour certaines autres, d'accéder aux représentations des apprenants (ex. : échelles de perception et d'appréciation) ;
- se prêtent davantage à une évaluation formative qu'à une évaluation sommative, au moins pour les grilles qui mesurent des perceptions ou des degrés de satisfaction ;
- sont utiles pour le type d'évaluation dite personnelle que nous avons vu précédemment, mais sont peu appropriées à l'évaluation dite formelle.

Nous disons cela parce qu'il est presque impossible qu'une grille *démontre* l'acquisition d'une compétence ou l'atteinte d'un objectif. Le plus souvent, la grille ne fera qu'indiquer dans quelle mesure l'apprenant estime avoir atteint ces objectifs. C'est une chose d'affirmer qu'on a atteint un objectif, c'en est une autre de le démontrer. Or, l'évaluation formelle devrait pouvoir démontrer l'atteinte des objectifs, pas seulement la rapporter. En ce sens, beaucoup d'enseignants confèrent aux grilles d'évaluation, perceptuelles surtout, un pouvoir qu'elles n'ont pas ;

- exigent que l'on porte une attention particulière aux énoncés ou à la formulation des items. Par exemple, ne jamais confondre deux messages en un seul comme dans l'énoncé suivant : *j'ai participé avec intérêt à toutes les activités de l'équipe*. Participer à *toutes* les activités de l'équipe est un comportement à évaluer, participer avec *intérêt* en est un autre, fort différent ;

145

- demandent, enfin, que l'on prête attention aux échelles de réponse en évitant, d'une part, d'attirer l'apprenant incertain vers une réponse « moyenne » souvent peu indicative et en lui proposant, d'autre part, une échelle de réponse suffisamment large pour traduire fidèlement son positionnement. À cet effet, on conseille généralement des échelles à nombre pair, offrant entre quatre et huit possibilités de positionnement.

Avec la présentation de ces quelques formes d'évaluation se termine la partie de cet ouvrage traitant de l'évaluation des projets. Il nous reste à examiner dans ce chapitre la quatrième étape d'élaboration d'un projet qui, en fait, en constitue son aboutissement. Il s'agit de la disposition du projet.

La disposition du sujet

Dans le contexte scolaire traditionnel, la pratique courante veut que l'apprenant effectue les travaux demandés par son professeur, qu'il les lui remette, que ce dernier corrige ces travaux et qu'il les remette à son tour à l'apprenant et... on passe à autre chose ! On peut bien sûr reproduire cette pratique dans l'apprentissage par projet, mais ce serait se priver d'une de ses richesses : son rayonnement possible.

Comme le souligne Vallières (2003), une des vertus de l'apprentissage par projet est qu'il rapproche l'apprenant des situations concrètes qu'il pourra vivre dans sa vie professionnelle future. Or, s'il est vrai que, dans le monde du travail ou ailleurs, plusieurs projets ne voient jamais le jour, il n'en demeure pas moins qu'en général ces projets ont été minimalement présentés, communiqués, publicisés, expérimentés pour un temps, etc. Il est aussi vrai que de nombreux autres ont connu un rayonnement certain, entraînant la naissance d'autres projets ou idées évolutives. C'est là une des vertus non négligeables de l'apprentissage par projet : il est porteur de fécondité.

Nous avons mentionné plus haut que les étapes d'« évaluation » et de « disposition » des projets pouvaient être chronologiquement interverties. Aux fins de cet ouvrage, nous présentons la « disposition » du projet en dernière étape, après que celui-ci a été évalué. Nous voulons simplement mettre en relief le fait que, souvent, les suites d'un projet peuvent dépasser le contexte scolaire et qu'à ce titre il est préférable qu'il ait été évalué avant. Mais on peut très bien concevoir aussi que ce que nous voulons faire du projet fasse partie de l'évaluation que nous en ferons. Par exemple, si l'on veut illustrer l'histoire de la musique par un projet de recherche en histoire musicale qui se terminerait par un spectacle de musique d'époque, on peut très bien admettre que ce spectacle même soit évalué, tout comme il pourrait ne pas l'être non plus. De façon générale, nous encourageons l'enseignant à tenir compte, dans son évaluation d'un projet, au moins de la présentation ou de la communication qui en est faite. Cet encouragement se justifie par le fait qu'en général, et dans le monde du travail en particulier, les projets sont faits pour être « présentés ». C'est la porte d'entrée pour motiver les gens à s'engager dans la suite d'actions portées par ce projet. Or, si l'apprentissage par projet a beaucoup à voir avec la préparation à la vie professionnelle, il faut en tenir compte.

Cela dit, il y a, selon la nature des projets, de multiples façons de disposer d'un projet. Ainsi, on peut :

– jouer en public une pièce de théâtre qu'on a montée ;

– tenir une exposition d'œuvres ou d'objets divers qu'on a créés ou recensés ;

– tenir un kiosque d'information à l'intention du public ;

– présenter en classe ou ailleurs des résultats de recherche ou un travail réalisé ;

– publier un document (recueil, dépliant, rapport, guide) qu'on a élaboré, etc.

Il serait évidemment fastidieux de recenser toutes les possibilités de disposition d'un projet et d'en dégager pour chacune les précautions ou conseils d'usage. Mais parce qu'en général disposer d'un projet implique que ce projet sera au moins présenté ou communiqué et que, donc, cette disposition risque souvent d'être «publique», un certain nombre de mises en garde s'imposent.

Le projet présenté en classe

– S'assurer que le contenu est clairement présenté et qu'il décrit l'essentiel du projet.

– S'assurer que la présentation sera minimalement dynamique, accrocheuse, participative.

– Favoriser la participation de tous les membres de l'équipe à la présentation.

– Permettre une période d'échanges et de questions avec la classe.

– Gérer efficacement les temps de présentation.

– S'assurer d'un langage de présentation approprié.

Le projet diffusé publiquement

– S'assurer de la validité des informations transmises.

– S'assurer de la qualité du langage écrit.

– S'assurer d'une qualité minimale dans la mise en forme du document distribué.

– S'assurer que la diffusion du document est autorisée.

– S'assurer que les auteurs du document sont nommés, avec information pour correspondance.

Le projet comprenant une quelconque forme de tarification, de subvention ou d'allocation d'argent public

– S'assurer de la transparence des opérations.

– Se donner des règles de gestion comptable.

– Informer le public à l'avance de la disposition qui sera faite des sommes versées ou reçues.

Le projet à relations interpersonnelles soutenues (vente, stand d'exposition, service communautaire à des personnes, entrevues, etc.)

– S'assurer de la qualité du langage utilisé pour communiquer.

– S'assurer que les apprenants se conforment à des règles de bienséance minimales (s'il vous plaît, mercis, poignées de main, sourires, vouvoiement selon le cas, hygiène, tenue de circonstance, etc.).

– S'assurer que les apprenants se conforment à leurs engagements.

– S'assurer que les apprenants ne débordent pas le cadre de formation de leur projet sans autorisation préalable de l'enseignant.

On pourrait continuer ainsi pour beaucoup d'autres cas. Ce qu'il faut surtout retenir comme ligne générale de pensée, c'est que la façon dont on disposera du projet doit faire partie de la conception même du projet et qu'il faut en tenir compte tout au long de l'élaboration du projet. Il faut donc prévoir la livraison du produit, la planifier. C'est ce qu'on appelle avoir le souci pédagogique : comment, finalement, va-t-on livrer le produit ?

Chapitre 8

Quelques idées de projets

Au départ, notre intention était de présenter aux lecteurs des idées de projets selon le type de projets envisagés, selon leur durée, selon les disciplines concernées du savoir et selon le niveau de scolarité des apprenants. Après plusieurs essais de classification, nous avons constaté que la tâche était ou bien impossible ou bien sans véritable utilité pratique tellement les projets admettent intrinsèquement une variabilité et une souplesse d'application quasi illimitées. C'est ainsi qu'avec quelques modifications un projet à long terme pourrait être envisagé à court terme ; un projet réalisé par des apprenants du primaire pourrait aussi être repris avec plus de substance par des apprenants du collégial ; un projet de service pourrait donner lieu à un projet de production, etc. En fait, les distinctions que nous avons faites antérieurement à cet égard ne prétendaient nullement rendre étanches les frontières entre les types de projets et mutuellement exclusives leurs caractéristiques. Elles voulaient mieux faire connaître la gamme des possibilités en matière de types de projets, bien plus pour ouvrir des portes au pédagogue que pour lui en fermer.

Nous présenterons donc ici ces suggestions d'idées de projets sous l'angle de thématiques. Il appartiendra aux enseignants et aux enseignantes d'aborder ces idées sous l'aspect qui convient le mieux aux objectifs qu'ils poursuivent en utilisant l'approche-projet. Évidemment, tous auront compris qu'en cette matière les idées foisonnent et qu'il serait absolument irréaliste de vouloir «faire le décompte» des idées admissibles pour la conduite de projets. Il faut d'abord voir nos suggestions comme très partielles, puis les considérer comme de simples éléments déclencheurs au service de la créativité de chacun. Voici donc quelques-unes des thématiques qui pourraient être envisagées.

La production d'une œuvre

En fait, ici, il s'agit moins d'un thème et plus de l'idée que les apprenants ont à produire quelque chose de concret, de tangible. En voici quelques exemples.

- **L'écriture d'un livre** : le type de livre (genre littéraire), le sujet à exploiter, les personnages, la trame principale, l'ampleur du texte, la présentation, la diffusion, etc.

- **La construction d'une maison à échelle réduite ou sur plan** : les plans, les pièces, les matériaux, les phases de construction, les professionnels et hommes de métier à contacter, l'aménagement extérieur et intérieur, l'acquittement des coûts, etc.

- **La création d'un jeu de société** : la situation de jeu, le but du jeu, les participants, les règles du jeu, le matériel nécessaire, les consignes, les limites de temps, les variations possibles, etc.

- **L'aménagement d'un espace de vie** : aménagement de la cour d'école (aires d'activités, aires paysagères, etc.) ou d'un local de classe, décoration de l'intérieur d'une maison ou d'une pièce précise, etc.

- **La production d'un document vidéo** : autour d'un ou de divers sujets relatifs à un ou des contenus de cours.

- **L'organisation d'une activité** : ce peut être une activité de classe, une activité pour l'école, une activité commerciale à des fins caritatives, une activité sociale au profit d'une clientèle particulière en état de besoin, etc.

- **L'invention d'un produit** : de toutes sortes, selon les objectifs de formation visés. Au collégial, le concours « Science, on tourne » est un exemple remarquable de telles inventions.

La conquête de l'inconnu

En délimitant le ou les champs de connaissance, les apprenants se donnent comme projets d'élucider au profit de la classe un certain nombre de problèmes amenés par différentes questions.

- **Pourquoi**: par exemple, pourquoi est-il si difficile d'effectuer des vols interplanétaires ?

- **Comment**: par exemple, comment peut-on expliquer biologiquement les processus d'hibernation chez plusieurs espèces animales ?

- **Qui**: par exemple, qui sont les véritables ancêtres de l'humanité aux différentes étapes de l'évolution de la vie ?

- **Où**: par exemple, où peut-on retrouver sur la planète les principales races de l'humanité, les espèces animales rares, les plus grandes ressources naturelles, etc. ?

- **Quand**: par exemple, quand ont pris naissance les principaux sports professionnels que l'on connaît actuellement (hockey, baseball, soccer, basket-ball, tennis, etc.) ?

- **Quoi**: par exemple, que faisaient les Québécois du début du siècle au cours d'une journée habituelle de travail, à l'occasion d'une journée de repos ou que font les chefs d'État durant une semaine habituelle de travail ?

Au cumul, il en résulte dans la classe un répertoire d'explications riches et variées à diverses questions posées.

La formation

- **La classe**: les gens qui s'y trouvent, les matières que l'on y enseigne, les règles qui y ont cours, les activités courantes et spéciales qui s'y tiennent, l'environnement physique, les objets qu'on y retrouve, ce qu'elle était et ce qu'elle est devenue, etc.

- **L'école** : les gens qui s'y trouvent, les matières que l'on y enseigne, les règles qui y ont cours, les activités courantes et spéciales qui s'y tiennent, l'environnement physique, les objets qu'on y retrouve, ce qu'elle était et ce qu'elle est devenue, etc.

- **L'école idéale** : les gens qui s'y trouveraient, les matières que l'on y enseignerait, les règles qui y auraient cours, les activités courantes et spéciales qui s'y tiendraient, l'environnement physique, les objets qu'on y retrouverait, cela sous un mode imaginaire, créatif et idéalisé.

- **Les métiers et professions** : inventaire des métiers et professions, classification, description des activités de travail, illustrations de produits ou de services fournis dans un ou des métiers (professions), aptitudes requises, etc.

- **Le projet de vie** : qui je veux être plus tard, ce que je veux faire, où je veux vivre, avec qui, ce que je veux avoir, ce que je veux expérimenter, ce que je veux savoir, etc. Description, illustration et présentation.

Le corps

- **La morphologie** : ses parties constitutives, ses grands systèmes organiques (respiratoire, neurologique, reproducteur, etc.), sa morphologie comparée selon le sexe, selon les époques, selon les races, selon les climats, etc.

- **Le mouvement** : le corps au travail (stress, notions ergonomiques, fatigue-repos, horaire, temps et type de travail avec leurs effets sur le corps), la bonne forme physique, les conditions et les exercices pour l'obtenir et la maintenir, le corps en mouvement dans différents sports, en arts, etc.

- **La mode** : les façons de se vêtir selon les époques, selon les cultures, selon le sexe, etc. L'image changeante du corps selon les modes dans la tenue vestimentaire et l'apparence physique (maquillage, coiffures, bijoux, etc.)

– **L'alimentation** : habitudes alimentaires selon l'âge ou selon les cultures, menus alimentaires et recettes, effets de divers types d'alimentation sur le corps, etc.

Les valeurs

– **L'amour** : historique, formes, la biologie amoureuse, les comportements amoureux, les codes et valeurs qui s'y greffent, l'humain *vs* l'animal, la durée, les grands amoureux de l'histoire, les grands films, la littérature, les grandes citations, etc.

– **La solidarité** : les mouvements humanistes, les luttes collectives pour la justice sociale, pour la démocratie, contre la pauvreté, contre la violence, les expériences de partage, de service à la communauté, etc.

– **Le courage** : les grands héros, l'humain face aux catastrophes, aux maladies, à la mort, à la souffrance, des exemples de ténacité, de combat contre la peur, contre la mauvaise fortune, le courage au quotidien dans les petites victoires (école, sports, relations, etc.), etc.

– **La responsabilité** : ma personne et son devenir, mon milieu et son devenir, mes droits, mes pouvoirs et mes devoirs, ceux et celles qui dépendent de moi, les effets de mes attitudes et de mes comportements sur autrui, moi comme citoyen, etc.

– **La paix** : temps de guerre, temps de paix, paix sociale, paix individuelle, le pacifisme et ses héros, les conditions pour la paix, les coûts et bénéfices de la paix, etc.

– **La liberté** : la liberté personnelle et la liberté collective, les grandes luttes pour la liberté, les symboles de liberté dans le monde, etc.

– **L'altruisme** : le don et ses conditions, les diverses formes de don, les œuvres caritatives dans le monde, dans mon milieu, les organismes caritatifs, l'inventaire de ce que je pourrais donner, à qui je pourrais donner ou qui je pourrais aider, les grands « donateurs », etc.

- **La spiritualité** : les grandes religions, leurs fondements et leurs messages, les sectes religieuses, le concept de Dieu selon les cultures et les époques, les grandes œuvres religieuses et les divers livres sacrés, vie et après-vie, les miracles et les mystères, etc.

La résolution de problèmes

Il s'agit d'étudier un problème donné à petite ou à grande échelle et d'élaborer un plan d'intervention pour résoudre en tout ou en partie le problème cerné. Dans chaque cas, on produit un état de la question (les faits), on identifie les sources ou les causes du problème et on propose des pistes de solution réalisables en tenant compte de leur impact général à l'intérieur du problème ou en périphérie de celui-ci.

On peut, par exemple, se pencher sur de grands problèmes, comme les suivants.

- **Certains types de pollution** : comment améliorer la qualité de l'air ambiant, comment traiter les déchets domestiques, comment rendre plus salubre l'environnement extérieur de la maison, etc.

- **Certaines maladies associées à des comportements ou à des habitudes de vie modifiables** : comment, dans nos comportements et nos habitudes de vie, diminuer les risques d'être atteints du diabète, du cancer ou de maladies cardiovasculaires, par exemple.

- **Divers effets des changements climatiques** : comment faire pour ralentir le réchauffement de la Terre, pour irriguer les régions désertiques, pour mieux prévoir les changements climatiques, etc.

– **La conservation et l'économie de l'eau potable** : comment mieux contrôler la consommation d'eau potable à la maison, au travail, dans une ville, etc.

– **Certains types d'inégalité ou d'iniquité sociale** : comment diminuer ou même éliminer les comportements racistes, comment réduire les inégalités sociales entre les riches et les pauvres, les hommes et les femmes, les jeunes et les vieux, etc.

– **L'accès routier aux grandes villes** : comment réduire les embouteillages aux abords des villes, comment organiser les systèmes de transport urbain, comment faciliter le déplacement des personnes en région, etc.

– **Certains cas de violence ou de criminalité** : comment diminuer ou éliminer diverses formes de violence sociale (criminalité, violence envers les femmes, envers les enfants, envers les animaux, envers divers groupes ethniques), comment assurer la sécurité dans les villes, comment instaurer des valeurs comme le pacifisme, l'entraide, l'altruisme, etc.

On peut également étudier des problèmes à portée plus restreinte et pour lesquels des solutions ont pu ou non être mises en place avec plus ou moins d'efficacité.

Par exemple :

– la diminution des cas d'indiscipline à l'école ;

– la mise en valeur de certains services offerts par l'école, par la municipalité, par divers organismes du milieu immédiat, etc. ;

– la domestication d'animaux de compagnie ;

– l'organisation de corvées communautaires ;

– l'organisation d'un système de partage d'expertise, par exemple des « cours » de micro-informatique en échange de « cours » de musique pour un instrument donné, etc.

L'histoire du monde

- **Les grandes civilisations** : gréco-romaine, sud-américaine, orientale, etc.
- **Les grands événements** : les grandes fêtes religieuses, les révolutions, les guerres, les découvertes, les catastrophes naturelles ou autres, etc.
- **Les grands personnages** : sur les plans sportif, culturel, politique, artistique, scientifique.

La biographie, le portfolio, l'exposition de photos, le calendrier, le tableau synoptique sont des productions bien adaptées à l'exploitation de cette thématique. Elles permettent de pousser plus loin, à travers la réalisation d'une œuvre, le travail d'exploration de ces thèmes qui pourrait être fait en équipe.

L'environnement géographique

- **Les continents** : leur formation, leurs caractéristiques géologiques, démographiques, économiques, climatiques, leur avenir, etc.
- **Les grandes villes et capitales du monde** : leur population, leurs caractéristiques, leur développement, leurs attraits, leurs problèmes, etc.
- **Les pays** : un tableau des pays selon leur population, leurs richesses, leur superficie, leurs traditions, etc.
- **Les saisons** : leur origine, les phénomènes naturels qui s'y produisent, leurs effets sur le comportement des gens, sur l'économie, etc.
- **Les itinéraires touristiques** : l'établissement d'itinéraires touristiques selon différents attraits touristiques : aventure, histoire, arts, nature, exotisme, etc.

Les arts et les sports

Il serait évidemment fastidieux d'énumérer ici tous les arts ou tous les sports pouvant faire l'objet d'une étude par projet. Le théâtre, le cinéma, la musique, la sculpture, la peinture ou le dessin, la danse, la poésie, l'humour, pour les arts ; le hockey, le soccer, le football, le baseball, le basket-ball, les différentes disciplines olympiques, pour les sports. Voilà autant d'exemples qui nous viennent à l'esprit quand on évoque cette double thématique.

L'essentiel est de voir qu'en ces matières le projet peut consister en diverses activités : compétition ou concours, portrait historique, exposition, production d'une œuvre, etc. Il appartient à l'enseignant d'opter pour la voie la mieux adaptée aux objectifs de formation qu'il poursuit dans sa pédagogie de projet.

La vie en société

- **L'économie** : les institutions financières et leur fonctionnement, la production et la consommation de biens, l'entreprise privée et publique, les monnaies, le commerce, etc.

- **La famille** : les types de familles, les réseaux de parenté, la généalogie, les règles familiales, le rôle des familles dans la société, etc.

- **Les loisirs** : le temps de travail et le temps de repos, les vacances, les types de loisirs, les bienfaits et les limites du loisir, etc.

- **Les institutions politiques** : les gouvernements, les partis politiques, les conseils municipaux, les élections, les groupes et organismes de pression, etc.

- **La justice et l'ordre social** : les institutions judiciaires, les corps de police, les principes généraux qui distinguent le Code civil et le Code criminel, les notions de droits individuels et de droits collectifs, etc.

- **Les codes de conduite** : la bienséance actuelle et ses origines en divers domaines (face à l'autorité, à table, devant des dignitaires, dans la tenue vestimentaire, selon les endroits, etc.), la bienséance comparée selon les cultures, etc.
- **Les fêtes populaires** : ici ou ailleurs, leur histoire, leur manifestation, leur organisation, etc.

La vie biologique

- **L'espèce humaine et les races** : portraits ethniques, tableaux de croissance, de longévité et de maladies selon les races, caractéristiques similaires et différentes, etc.
- **Vie animale et vie humaine** : analyse comparée de comportements ou de modes de vie plus ou moins différents chez les animaux et chez les humains, tableau de l'évolution de l'espèce humaine et de certaines espèces animales plus ou moins apparentées.
- **Cycles naturels de vie** : de la bactérie à l'homme, proie et prédateur, naissance et mort biologiques, etc.
- **La vie végétale** : la forêt, les fleurs, la culture maraîchère, de la semence à l'assiette, etc.

La science

- **Les grandes découvertes scientifiques** : dans divers domaines de la science selon les objectifs de formation.
- **Les grands génies de la science** : dans divers domaines de la science selon les objectifs de formation.
- **Les inventions** : présentation des plus grandes, des plus utiles, des plus marquantes, des plus originales, etc.
- **Les énigmes non résolues** : présentation de certaines énigmes ou de problèmes sérieux que tente encore de résoudre la science aujourd'hui, hypothèses d'explication.

- **Les lois de la science** : illustration, expérimentation ou relevé de lois scientifiques plus ou moins bien connues même aujourd'hui (gravitation, relativité, hasard, probabilité, etc.).

L'univers

- **L'évolution et le devenir** : le Big Bang, la «fin des temps», l'expansion ou la contraction de l'univers, la vie des planètes et des étoiles, etc.
- **La structure de l'univers** : l'univers gazeux, les galaxies, les constellations d'étoiles, les systèmes planétaires, les trous noirs, les comètes, etc.
- **L'exploration spatiale** : les endroits de l'espace «accessibles», la vie extraterrestre et ses conditions, l'exploration spatiale, avec ses conditions et ses limites, l'observation télescopique de l'univers, etc.

Les moyens de transport

- **Les avions** : l'évolution des modèles, les règles de vol, les coûts (consommation d'essence, entretien, achat, etc.), les trajets aériens, les compagnies d'aviation, etc.
- **Les bateaux** : l'évolution des modèles, les règles de navigation, les coûts (consommation d'essence, entretien, achat, etc.), les trajets et les compagnies maritimes, etc.
- **Les trains** : l'évolution des modèles, les règles de transport, les coûts (consommation d'essence, entretien, achat, etc.), les trajets et les compagnies ferroviaires, etc.
- **Les autos** : l'évolution des modèles, les règles de circulation, les coûts (consommation d'essence, entretien, achat, etc.), les trajets routiers et les fabricants, etc.
- **Les taxis** : une journée ou une semaine en taxi.
- **Les ambulances** : une journée de transport en ambulance.

161

Les moyens de communication

- **Les journaux** : leur classification, les différents journaux, leur mode de fonctionnement, leurs coûts, les personnes qui y travaillent, etc.

- **La télévision** : son évolution, son mode de fonctionnement, ses coûts, les personnes qui y travaillent, etc.

- **La radio** : son évolution, son mode de fonctionnement, ses coûts, les personnes qui y travaillent, etc.

- **La téléphonie** : son évolution, son mode de fonctionnement, ses coûts, les personnes qui y travaillent, etc.

- **Le courrier électronique** : son évolution, son mode de fonctionnement, les coûts se rattachant au réseau Internet et aux logiciels de courrier électronique.

Comme nous l'avons mentionné plus haut, ces quelques idées de projets ont été présentées à titre de suggestions. Les contenus qu'elles évoquent suffisent amplement à illustrer la richesse et la diversité des projets pouvant être réalisés en apprentissage scolaire. Il appartient aux enseignants de stimuler la créativité en ce domaine, la leur et celle des apprenants.

Chapitre 9

Exemples
de projets réalisés

Après un portrait plus ou moins détaillé des diverses composantes de l'apprentissage par projet comme formule pédagogique, le moment est venu d'en illustrer quelques applications à l'aide d'exemples de projets réalisés dans des établissements scolaires de différents ordres d'enseignement. À cette fin, nous avons retenu trois projets qui ont été respectivement réalisés au collégial, au secondaire et au primaire. Précisons d'entrée de jeu que les projets choisis ne l'ont pas été à la suite d'un examen exhaustif de la multitude de projets que l'on peut retrouver dans les établissements scolaires – et en particulier qui ont été sur les sites Internet de ces établissements. Nous n'avons pas voulu faire, avec ces exemples de projets, un concours d'excellence, bien que ceux retenus présentent à nos yeux, d'un point de vue pédagogique, une qualité et un intérêt indéniables. Par ces exemples tirés d'un même milieu régional, nous avons voulu montrer comment, au bout du compte, la formule de l'apprentissage par projet est une formule souple, très accessible et réalisable à un coût que l'on a peut-être trop tendance à surestimer.

Projet au collégial

Le premier projet que nous présentons a été réalisé en 1996 par une équipe de quatre étudiantes inscrites au cours *Projets en organisation communautaire,* donné par M. Gilles Normand à l'intérieur du programme d'études Techniques de travail social offert au Cégep de Trois-Rivières.

Comme l'annonce son titre, ce cours est essentiellement axé sur la réalisation de projets communautaires par les étudiants qui y sont inscrits. On voit donc ici que, dès 1996, avant même que l'apprentissage par projet connaisse l'élan qui est le sien aujourd'hui, cette formule prenait toute sa légitimité et tout son sens. Dans ce cours, un thème intégrateur est dégagé et les apprenants, répartis dans des équipes de quatre ou cinq, ont à réaliser un projet particulier qui se greffe au thème intégrateur adopté.

Pour le projet que nous avons retenu, le thème intégrateur avait comme titre «Urgence de tendresse». Il s'agissait en fait du thème d'une pièce de théâtre, écrite par Mme Carole Paquin, enseignante au département de Techniques de travail social du Collège, qui proposait une réflexion sur le vécu commun – notamment au plan des besoins d'attention et de tendresse – de différents types de populations. À partir du contenu de cette pièce, quatre projets ont été réalisés, chacun par une équipe différente :

Projet 1 : Production d'un guide d'animation, inspiré d'une analyse féministe, sur les problématiques de la dépendance affective et de la violence dans les relations amoureuses chez les adolescentes de 12 à 18 ans.

Projet 2 : Création d'un service-ressource visant à contrer l'abus financier et matériel exercé à l'endroit des aînés.

Projet 3 : Mise sur pied de deux coopératives jeunesse de services.

Projet 4 : Mise en scène et présentation de la pièce devant un public élargi du milieu communautaire et d'ailleurs.

On voit donc ici que ces quatre projets d'équipe, différents l'un de l'autre, amenaient néanmoins chacun des apprenants à maîtriser différents éléments du thème intégrateur retenu. En outre, dans une perspective plus large d'intégration des apprentissages, ces projets ont permis aux apprenants de mettre en pratique des connaissances – à la fois déclaratives et procédurales – acquises à l'intérieur d'autres cours de leur programme d'études. La figure 8 nous donne un aperçu de la formule utilisée avec l'exemple de ce projet à thème intégrateur.

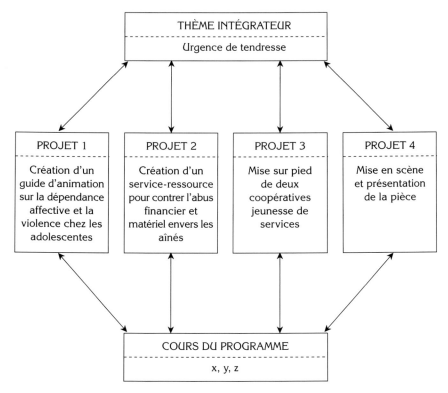

Figure 8 : **Exemple d'un projet d'intégration**

À titre d'exemple d'application de la formule d'apprentissage par projet au collégial, nous retiendrons ici le projet 1, qui consiste en la production d'un guide d'animation.

Titre ou sujet du projet

Création d'un guide d'animation, inspiré d'une analyse féministe, sur les problématiques de la dépendance affective et de la violence dans les relations amoureuses chez les adolescentes de 12 à 18 ans.

Type de projet

- À moyen terme
- D'équipe
- De production, à thème intégrateur

Nature du projet

Il s'agissait en fait de rédiger un Guide d'animation sur la problématique présentée en titre. On retrouverait dans ce guide un court exposé de la problématique, des suggestions d'ateliers pour les intervenants à tenir avec la clientèle visée, un guide de l'animateur, un questionnaire d'évaluation des ateliers d'intervention et de formation et une médiagraphie.

Objectif du projet

Fournir un outil d'intervention de groupe aux intervenants des organismes communautaires et institutionnels de la région administrative 04 devant faire face à la problématique de la dépendance affective et de la violence dans les relations amoureuses chez les jeunes adolescentes de 12 à 18 ans.

Objectifs d'apprentissage

- Permettre aux apprenants d'acquérir de nouvelles connaissances sur divers éléments à prendre en considération dans l'organisation de services communautaires.
- Permettre aux apprenants de développer et d'appliquer des stratégies et des méthodes efficaces d'intervention dans l'organisation de services communautaires.
- Développer chez les apprenants une sensibilité aux divers besoins d'aide de personnes en difficulté ou en détresse.

Préparation du projet

- À la première rencontre, l'enseignant a pris le temps de bien expliquer les fondements du cours auquel étaient inscrits les apprenants en précisant pourquoi la formule de l'apprentissage par projet s'avérait à l'évidence la formule à privilégier dans un tel cours. Il a ensuite clarifié ses intentions pédagogiques en présentant entre autres les divers objectifs du cours et il s'est efforcé de les faire partager par l'ensemble des apprenants.

- Par la suite, l'enseignant a fait connaître à tous les apprenants la pièce de théâtre « Urgence de tendresse » et leur a demandé de se regrouper en équipes et de procéder, dans chacune, au choix d'un projet d'intervention s'inspirant des messages et des personnages de la pièce. Les apprenants ont à ce moment arrêté leur choix sur la population des adolescentes de 12 à 18 ans. Ces apprenants s'étaient au préalable regroupés en fonction d'affinités interpersonnelles.

- Une fois le projet arrêté, il fallait, en phase de préparation, en planifier soigneusement la réalisation. L'équipe a donc :

- défini la problématique des adolescentes de 12 à 18 ans notamment au plan de leur dépendance affective et de la violence parfois rencontrée dans leurs relations amoureuses. L'exercice a été fait à partir de la pièce elle-même et de lectures complémentaires dans des ouvrages de référence appropriés ;

- décrit plus précisément la clientèle cible : jeunes adolescentes de 12 à 18 ans fréquentant un établissement scolaire de la région administrative 04 ;

- décidé de produire un guide d'animation pour fournir un outil supplémentaire d'intervention aux diverses personnes ayant à composer avec cette problématique ;

- rédigé une liste de tâches à accomplir et de rôles à distribuer pour mener le projet à terme ;

- arrêté un calendrier de rencontres pour les membres de l'équipe ;

- convenu de la façon dont le guide d'animation serait diffusé.

Mise en œuvre du projet

- Tous les membres de l'équipe ont procédé à des lectures communes sur la problématique étudiée de façon à pouvoir dégager un fil conducteur qui constituerait en quelque sorte la toile de fond du guide d'animation à produire. La reconnaissance des situations de dépendance et de violence, la connaissance de soi, l'autonomie et l'affirmation ont été ici les idées-forces à faire prévaloir dans le guide d'animation.

- Par la suite, les membres de l'équipe se sont mis à la recherche d'information selon les rôles ou les tâches attribués à chacun : rencontre de personnes-ressources (Cégep de Trois-Rivières, Maison des femmes des Bois-Francs, CALACS de Trois-Rivières, etc.), consultation de documents et résumés (Avis du Conseil du statut de la femme, revue *Santé mentale au Canada*, documents visuels comme la série «M'aimes-tu?», etc.), rédaction et envoi du questionnaire à des organismes siégeant à la table de concertation des groupes de femmes Mauricie – Bois-Francs – Drummond pour connaître les besoins en matière d'outils d'intervention relativement à la problématique étudiée, etc.

- Puis ce fut l'étape de rédaction elle-même, chaque membre de l'équipe étant responsable d'une partie du contenu du guide (cadre théorique, grille de l'animatrice, ateliers, animation divisée en étapes et grilles d'évaluation des ateliers.

- À l'initiative d'un membre de l'équipe qui, de concert avec l'enseignant, s'assurait de la progression des travaux, les membres de l'équipe se sont réunis périodiquement pour partager les résultats de leurs travaux et en arriver ainsi à un texte commun constituant le contenu définitif du guide d'animation.

Évaluation du projet

- Globalement, l'évaluation du projet se faisait en trois étapes : 1) préparation et rédaction du guide d'animation par l'équipe de travail ; 2) présentation du projet au groupe-classe et 3) évaluation du projet.

- La première étape de préparation et de rédaction du projet s'étendait sur une période d'environ deux mois et représentait 40 % de la note finale. Des critères précis d'évaluation et un guide de rédaction de projets étaient fournis aux apprenants.

- La deuxième étape, celle de la présentation du projet au groupe-classe, se déroulait sur une courte période de une à deux semaines et valait 30 % de la note finale. En soumettant le fruit de leurs travaux au groupe-classe, les apprenants pouvaient, à l'aide des commentaires obtenus, apporter les derniers correctifs au guide d'animation produit avant de remettre ce dernier aux organismes communautaires concernés de la région. Encore ici, des critères d'évaluation des présentations étaient fournis aux apprenants.

- Enfin, dans l'étape d'évaluation du projet, chaque équipe devait remettre un rapport écrit de l'évaluation qu'elle faisait de son projet. Les critères d'évaluation portaient à la fois sur le contenu du projet, sur son impact et sur le fonctionnement de l'équipe de travail. Cette évaluation se faisait à la toute fin de la session et représentait 30 % de la note finale.

Disposition du projet

- Comme il avait été prévu dans la conception et dans la planification du projet, le guide d'animation, une fois réalisé et évalué, a été remis aux organismes communautaires actifs essentiellement dans le réseau de la santé et des services sociaux.

- L'accueil réservé à cet outil d'intervention dans ce milieu a été enthousiaste et, au collège même, ce travail des apprenants s'est vu décerner une mention d'honneur au Gala du Mérite étudiant.

Projet au secondaire

Le deuxième projet que nous présentons est un projet réalisé par deux groupes-classes d'apprenants de 5e secondaire inscrits au cours Histoire du monde contemporain, cours optionnel donné par M. Paul Lachance à l'école secondaire Jean-Nicolet.

Dans ce cours, une partie du contenu est réservée à l'étude du fascisme italien et allemand de la période 1919-1945. Bien que dans le programme du ministère de l'Éducation il soit suggéré d'aborder l'étude de ce thème par l'intermédiaire des disciplines d'histoire, de géographie et d'économie, l'enseignant pousse plus loin l'intégration disciplinaire avec un projet mettant à contribution la musique, le cinéma et les arts. S'intéressant particulièrement à la période du nazisme, l'enseignant a proposé à ses groupes-classes de vivre pendant 48 heures une reconstitution historique des rapports entre Allemands et Juifs dans l'Allemagne de 1938. Voyons en détail en quoi consistait ce projet.

Titre ou sujet du projet

Le nazisme : reconstitution historique

Type de projet

– À court terme
– De classe
– De consommation

Nature du projet

Comme nous venons de l'évoquer, ce projet consistait, durant une période de 48 heures à l'école, en une reconstitution historique de la période nazie. L'enseignant désignait un de ses groupes-classes pour être un groupe de soldats allemands et l'autre groupe-classe représentait des Juifs ou d'autres représentants de classes sociales de l'Allemagne de l'époque (communistes, gitans, rabbins, homosexuels, etc.). Ainsi regroupés et identifiés, les apprenants des deux groupes-classes devaient établir entre eux – à tout moment et à tout endroit dans l'école – des rapports reflétant ceux de l'époque nazie. Les enseignants des autres disciplines (mathématiques, français, etc.) étaient aussi appelés à collaborer dans les périodes de cours pour renforcer les apprentissages à réaliser dans ce projet.

Objectif du projet

Reconstruire historiquement les rapports sociaux de l'Allemagne nazie de 1938 sur une période de 48 heures.

Objectifs d'apprentissage

– Amener les apprenants à comprendre la nature et les conséquences d'une idéologie d'extrême droite basée sur la supériorité raciale et sur la privation des droits et des libertés de la personne.

– Amener les apprenants à comprendre d'abord la dimension humaine dans l'interprétation de faits et d'événements historiques.

– Amener les apprenants à faire preuve de rigueur, de précision et de nuance dans l'interprétation de faits ou d'événements historiques.

– Favoriser le transfert de compétences disciplinaires dans l'apprentissage (histoire *vs* art théâtral, musique, français, économie, etc.).

Préparation du projet

Bien que constituant un projet à court terme au sens où il se déroule sur une courte période, ce projet a demandé à l'enseignant et aux apprenants un travail de préparation relativement poussé.

Premièrement, l'enseignant commence par exposer en classe, contenu historique, les grandes lignes de l'Allemagne de l'époque de façon à améliorer les connaissances des apprenants sur le sujet. Il décrit alors le projet envisagé et définit les objectifs pédagogiques qu'il poursuit par ce projet.

Deuxièmement, pour familiariser les apprenants avec le contexte historique étudié, il leur fait entendre de la musique jazz de l'époque et leur fait regarder le film *Swing Kids*, dont l'action se déroule à Hambourg en 1938-1939 et qui montre l'évolution de la pensée nazie chez un groupe de jeunes.

Troisièmement, l'enseignant procède à la formation des deux groupes. Pour le groupe des soldats allemands, ce sont surtout les caractéristiques rattachées au profil aryen qui sont prises en compte. Pour le groupe plus hétérogène (Juifs, rabbins, gitans, communistes et homosexuels), l'attribution des rôles est faite au hasard.

Quatrièmement, quand les groupes sont formés, l'enseignant rencontre chacun d'eux pour une sorte de *briefing* qui informe les apprenants des comportements et des attitudes à adopter, de même que des règles à observer et des limites à ne pas dépasser.

Cinquièmement, quand toutes les informations ont été transmises, l'enseignant et les apprenants procèdent à l'identification individuelle de leur personnage ou de leur groupe d'appartenance. Ainsi :
- les représentants des forces de l'ordre sont vêtus d'une chemise blanche, d'une cravate et d'un veston noirs et ils portent au bras gauche un brassard rouge avec la croix gammée ;
- les représentants de l'autre groupe sont identifiés selon leur appartenance sociale :
  - triangle rouge → communistes ;
  - triangle brun → gitans ;

- triangle mauve → rabbins ;

- étoile de David jaune → Juifs ;

- triangle rose → homosexuels ;

- l'enseignant remet aussi à chacun des apprenants du second groupe une carte d'identité conforme à celle de l'époque. Outre les détails d'identification inscrits par les apprenants, figurent sur cette carte des cases que les forces de l'ordre pourront initialer en cas d'inconduite. Si toutes les cases d'un individu se trouvent ainsi remplies, celui-ci s'expose à un séjour dans un «camp d'internement» à la fin de l'activité. Toutes ces cartes doivent porter des dates et des noms de personnes ayant vraiment vécu à cette époque. Les apprenants sont ainsi amenés à exercer des rôles en respectant le plus possible la réalité historique ;

- toujours pour témoigner de ce souci de respect historique, l'enseignant et les apprenants ramassent ici et là le plus de vêtements possible susceptibles de traduire l'habillement de l'époque et ils portent ces vêtements tout au long du projet ;

- enfin, pour optimiser les retombées du projet, l'enseignant s'assure de la collaboration des autres enseignants de 5e secondaire ainsi que de celle de la direction de l'école. Ces conditions établies, le projet peut se mettre en branle.

Mise en œuvre du projet

Pendant deux journées complètes à l'école, les apprenants entrent donc dans leurs rôles de personnages de l'époque nazie. À tout moment et n'importe où dans l'école, les soldats allemands peuvent user de leur pouvoir et intervenir d'autorité auprès des gens de classe sociale dite inférieure. Ils peuvent interpeller qui ils veulent, demander aux personnages de s'identifier n'importe où, les narguer, leur commander un respect aveugle de l'autorité, etc.

Le corps enseignant des autres matières collabore avec les forces de l'ordre dans l'exercice de la répression, reprenant en classe le moindre comportement jugé dérangeant ou offensant pour l'autorité.

L'enseignant est déguisé en représentant des SS mais il se contente de superviser l'opération en général, pouvant intervenir auprès des deux groupes. Il a cependant un parti pris pour les soldats allemands.

Évaluation du projet

Sur le plan qualitatif d'abord, l'enseignant fait un retour en classe avec les apprenants pour recueillir leurs observations et ce qu'ils ont pu ressentir dans la peau de personnages en autorité ou de victimes de répression. Après ce premier échange, l'enseignant fait jouer une musique de circonstance de l'époque et demande aux apprenants d'écrire chacun une page sur l'expérience qu'ils viennent de vivre, en insistant sur la dimension humaine de cette reconstruction historique comme le voulait un des objectifs d'apprentissage. Ce texte ne fait pas l'objet d'une évaluation sommative ; l'enseignant tient cependant compte des observations qu'il y retrouve pour alimenter le contenu de l'exposé qu'il fait en conclusion sur cette période du nazisme.

Sur le plan sommatif proprement dit, l'enseignant prépare un examen substantiel couvrant, en partie, la période concernée. On y trouve huit questions à choix multiples, deux questions à réponse V ou F, sept questions bonis, une question à développement moyen (réponse de cinq à dix lignes) et une question à développement long (réponse de dix à vingt lignes).

Disposition du projet

Étant donné le type de projet en cause, l'exercice même de ce projet en fait en quelque sorte sa finalité. Cela ne signifie toutefois pas qu'un projet de cette nature reste sans suites ou sans retombées une fois réalisé.

En fait, après quatre années d'expérimentation marquée par des améliorations progressives, le projet de cet enseignant connaît maintenant la notoriété dans l'école et ses impacts sont nombreux et diversifiés. Ainsi :

- L'an dernier, les apprenants ont eu droit à une émission radio-phonique de deux heures sur la chaîne culturelle de Radio-Canada. Dans le cadre de l'émission *Escale Jazz*, ils ont pu explorer plus à fond le jazz de l'époque.

- Les apprenants ont également participé, à la suite du projet, à un voyage organisé par l'enseignant au Memorial de l'Holo-causte à Montréal, où ils ont pu s'entretenir avec un survivant de l'époque.

- Dans l'enthousiasme suscité par le projet, les apprenants se sont eux-mêmes mis à la recherche de matériel susceptible d'enrichir les prochaines expériences en cette matière (docu-mentation, fabrication de drapeaux, confection de costumes, répliques en plastique d'armes de l'époque, etc.). Non seule-ment le projet va sans cesse en s'améliorant, mais on envi-sage la possibilité qu'un jour, avec le matériel accumulé, les apprenants puissent tenir une exposition du matériel de cette époque pour toute l'école.

- Dans un avenir rapproché, l'enseignant envisage aussi que, à la suite du projet, une pièce de théâtre jouée par les appre-nants et reprenant le procès de Nuremberg puisse être présentée à un public plus ou moins large.

- Enfin, l'enseignant confie aussi que ce projet constitue pour lui un élément de marketing non négligeable pour suggérer aux apprenants de 4e secondaire de s'inscrire à ce cours optionnel l'an prochain.

Au total, ce projet apparaît aux yeux de l'enseignant et des apprenants comme une formule nettement gagnante non seu-lement pour motiver les apprenants dans leur apprentissage de l'histoire, mais aussi pour rendre celui-ci nettement plus prégnant et durable, tout au moins au regard de la période concernée.

Projet au primaire

Le troisième et dernier projet présente un intérêt particulier dans le sens où il montre avec force non seulement la souplesse de la formule de l'apprentissage par projet, mais aussi son efficacité à résoudre parfois des problèmes pédagogiques, voire organisationnels imprévus.

Il s'agit d'un projet réalisé principalement par Mme Claire Lemire, enseignante de deuxième année, deuxième cycle du primaire, à l'école Chapais de la ville de Trois-Rivières, secteur Cap-de-la-Madeleine, avec la collaboration soutenue de Mme Odette Trépanier, technicienne en documentation à cette même école un jour par semaine.

Ce projet est d'abord né d'un besoin qu'avait l'enseignante de pouvoir fréquenter avec ses élèves la bibliothèque de l'école le plus tôt possible en début d'année scolaire. Or, comme le local de la bibliothèque n'était alors pas accessible aux apprenants, l'enseignante et la technicienne en documentation ont eu l'idée heureuse de présenter en classe aux apprenants de quatrième année l'ensemble des nouveautés (environ 250 livres) reçues à la bibliothèque. Ce « privilège » était toutefois assorti d'un « devoir » : les apprenants devaient s'engager à présenter à leur tour ces nouveautés à l'ensemble des élèves et du personnel de l'école. De là, est né le projet P.L.D. (Passion, lecture, découverte). Voyons donc en quoi consistait essentiellement ce projet.

Titre ou sujet du projet

Passion, lecture, découverte

Type de projet

– À moyen terme
– D'équipe
– De résolution de problèmes

Nature du projet

Le projet comprenait en quelque sorte trois phases principales. Dans la première phase, les apprenants ont pu établir un premier contact avec les nouveaux livres à partir de la lecture d'une histoire en classe. L'intérêt ainsi créé et le goût de poursuivre sur cette lancée ont conduit à la deuxième phase, qui consistait en une prise de connaissance élémentaire d'un système de classement des ouvrages littéraires. Constatant qu'un tel système s'avère nécessaire quand on est en présence de nombreux volumes, les apprenants ont d'abord eu droit à une présentation de la technicienne en documentation sur le sujet. Ils devaient par la suite préciser leurs préférences de lecture (documentaire, littéraire, album littéraire, etc.) pour éventuellement être capables de donner le goût aux autres apprenants de l'école d'explorer ces nouveaux livres. Le moyen employé, notamment, consistait en une présentation orale de ces nouveautés faite à l'ensemble de l'école. Cela constituait, de fait, la troisième phase du projet.

Objectifs du projet

- Permettre d'abord à l'ensemble des apprenants de la classe un accès immédiat aux ressources de la bibliothèque.
- Par extension, faire connaître ensuite aux autres apprenants de l'école les nouveautés reçues à la bibliothèque.

Objectifs d'apprentissage

- Augmenter le goût et les habiletés de lecture chez les apprenants.
- Permettre à ces derniers de connaître quelques règles, principes et procédés de la classification documentaire selon le système Dewey.
- Développer chez les apprenants des habiletés à la communication orale, notamment à la présentation orale de matériel.

- Développer chez les apprenants des habiletés à travailler en équipe (affirmation de soi, respect d'autrui, partage de rôles et de responsabilités, respect des décisions prises en équipe, etc.).

- Amener les apprenants à discerner et à apprécier les genres et les ouvrages littéraires de façon à pouvoir mieux les choisir en conformité avec leurs préférences ou avec le type de travail qui leur est demandé.

Préparation du projet

- L'enseignante a pris soin au départ d'exposer la problématique aux apprenants et de leur expliquer, à même les objectifs du projet, comment ils pouvaient contribuer à diffuser l'information tout en insérant ce type de travail dans les objectifs d'apprentissage qu'ils poursuivaient en français. Les apprenants ont vu là un défi intéressant à relever.

- Dans un premier temps, tous les ouvrages ont été temporairement disposés dans la classe de l'enseignante.

- Ensuite, un tableau de lecture a été préparé par les apprenants et par l'enseignante pour que chaque élève puisse y inscrire, chaque semaine, les ouvrages lus.

- Un tableau de visites du kiosque de présentation a aussi été préparé de façon que chaque groupe-classe puisse inscrire la journée et l'heure auxquelles il pourra se présenter au kiosque pour prendre connaissance des ouvrages classés et présentés par les élèves de deuxième année du deuxième cycle (quatrième année).

- De façon à guider et à superviser la lecture des livres par les apprenants, l'enseignante a aussi préparé une fiche de lecture sur laquelle étaient mentionnés les différents éléments à prendre en considération dans la caractérisation de l'ouvrage.

Mise en œuvre du projet

- Après avoir préparé le matériel nécessaire, le travail de lecture et de classification a démarré.

- Chaque apprenant devait lire au moins un livre par semaine par section littéraire retenue. Les lectures se faisaient essentiellement en classe, car les ouvrages ne pouvaient pas être prêtés à l'extérieur. L'enregistrement des lectures et leur classification se faisaient sur le tableau prévu à cet effet.

- Par la suite, les apprenants se sont regroupés en équipes selon leurs préférences de lecture et ils ont commencé à préparer leurs présentations.

- Selon un horaire établi à l'avance, chaque équipe présentait ses ouvrages littéraires à une table d'exposition installée à cette fin à la bibliothèque. À tour de rôle, les autres groupes-classes assistaient à cette présentation.

Évaluation du projet

- L'évaluation sommative du travail effectué par les apprenants dans le cadre du projet a été intégrée à l'évaluation générale de l'atteinte des compétences visées dans le cours de français. Par exemple, des compétences en matière d'habiletés de lecture, de repérage d'informations dans un texte, de mise en ordre d'idées à des fins d'écriture, etc., ont pu être évaluées en partie à même la réalisation du projet.

- Par ailleurs, le projet a aussi pu être évalué de diverses façons d'un point de vue qualitatif. Ainsi :

  • la technicienne en documentation a fourni une rétroaction aux apprenants sur la façon dont les volumes avaient été classés en général et sur le projet dans son ensemble ;

  • les enseignants et les élèves des autres groupes-classes ont aussi fait part aux élèves de Mme Lemire de leurs commentaires sur leur présentation ;

  • l'enseignante elle-même a demandé à ses élèves d'évaluer le projet qu'ils avaient réalisé en fonction de ce qui les a le plus et le moins intéressés, de ce qu'ils ont trouvé facile ou difficile, de ce que le projet leur apporte comme apprentissages, de ce qu'ils ont le plus apprécié comme lectures, etc.

Disposition du projet

Comme la nature du projet le prévoyait, celui-ci s'est conclu avec la présentation à tous les groupes-classes de l'école de la documentation récente reçue à la bibliothèque. Cela dit, le projet a connu des suites intéressantes.

– D'abord, en reconnaissance de l'excellence du travail accompli par les apprenants, ces derniers se sont vu remettre chacun par l'enseignante et par la technicienne un « Garfield », que l'on garde en classe – ce qui permet une poursuite du projet –, et la série des trois volumes *Amos d'Aragon*, autre élément favorisant la continuité du projet.

– Ensuite, depuis la réalisation de ce projet, à chaque jour 5 du calendrier scolaire, cinq apprenants vont régulièrement travailler avec la technicienne à classer les volumes durant une période de soixante minutes que leur accorde l'enseignante.

– Enfin, devant les résultats obtenus et les commentaires reçus, on envisage pour l'an prochain de donner une suite à ce projet avec le même groupe-classe ou encore de réaliser un projet plus ou moins analogue avec d'autres groupes.

– En somme, c'est dans l'enthousiasme que les apprenants se sont engagés dans ce projet, y voyant un défi intéressant à relever. Pour l'enseignante et pour la technicienne, ce projet s'est avéré une expérience pédagogique à la fois profitable et stimulante, au point qu'il les incite à utiliser à nouveau cette formule de l'apprentissage par projet en complémentarité avec leur pratique multidisciplinaire. Enfin, pour l'école tout entière, les retombées auront été bénéfiques, puisqu'elles auront permis à l'ensemble des apprenants non seulement de prendre connaissance des nouveautés reçues à la bibliothèque, mais aussi et surtout de se sensibiliser encore davantage au plaisir et à la richesse de la lecture.

À la suite de ces exemples de projets réalisés, nous présenterons dans les prochaines pages les témoignages d'un enseignant et d'une enseignante qui utilisent régulièrement la formule de l'apprentissage par projet dans leur pratique professionnelle.

Témoignages

Partir de l'apprenant...

À titre de jeune enseignante, j'ai eu l'occasion de vivre à quelques reprises la pédagogie par projet. Ces expériences ont été très positives et enrichissantes pour les élèves et pour moi. Dans les lignes qui suivent, je vous parlerai de ce qui m'a amenée à utiliser cette stratégie d'enseignement. Je ferai une brève description d'un projet inoubliable, portant sur l'espace, que j'ai vécu en compagnie de mes élèves de première année. De plus, je vous expliquerai pourquoi l'approche par projet est une stratégie d'enseignement efficace, au service du développement des compétences chez l'élève et de l'application du nouveau programme de formation de l'école québécoise. Enfin, je définirai certaines conditions favorables, voire nécessaires au bon déroulement d'un projet en classe du primaire.

J'ai découvert la pédagogie par projet au moment où j'étais à la recherche de nouvelles stratégies d'enseignement susceptibles de m'aider à relever le défi que constitue l'enseignement en classe hétérogène. En effet, une classe représente en quelque sorte une petite société en devenir. Chaque enfant a sa personnalité propre, un bagage d'expériences, des goûts et un rythme particuliers d'apprentissage. Comme pédagogue, je tente d'individualiser et de différencier le plus possible mon enseignement afin de permettre à un plus grand nombre d'élèves de progresser et de vivre des succès.

Après avoir lu sur la pédagogie par projet et avoir entendu le récit des expériences de plusieurs collègues, j'ai décidé d'expérimenter cette approche dans ma classe de première année. Je désirais développer chez mes élèves le sens de la coopération, la notion de répartition des tâches, l'ouverture d'esprit, bref, tout ce que le travail d'équipe implique. Dès le début de l'année scolaire, j'avais remarqué, lors des périodes de bibliothèque, que de nombreux élèves choisissaient des livres sur les planètes, les satellites, les météorites. Des thèmes comme «les étoiles», «le soleil» étaient aussi ressortis de manière générale lors d'un inventaire des champs d'intérêt (carte d'exploration sur les goûts et passions, réalisée lors des premiers jours de classe). J'ai donc décidé de m'engager dans un projet sur l'espace qui s'échelonnerait sur une période d'environ un mois.

Un matin, les élèves arrivent à l'école et s'aperçoivent que leur mascotte favorite, un chat, est disparue et qu'elle a laissé une lettre portant un étrange timbre en forme de planète brillante. La lettre informe les enfants que la mascotte est partie en voyage dans l'espace. La mascotte a attisé leur intérêt en laissant une photo et quelques informations sur la planète Jupiter et en les invitant à en découvrir davantage sur le monde de l'espace afin qu'il puisse y avoir un partage d'information à son retour. À partir de cet élément déclencheur, nous faisons un exercice de remue-méninges afin de ressortir tout ce que nous savons déjà sur le soleil, les planètes, les constellations, bref, sur tout ce qui concerne l'espace. Ensuite, les élèves travaillent en équipes de coopération afin de regrouper par thèmes tout ce qui a été écrit sur notre carte d'exploration. Chaque élève, après une période de réflexion et un survol de la documentation disponible, choisit sur quel thème il a envie de travailler pour répondre à ses questions. Des équipes hétérogènes se forment donc en fonction de l'intérêt de chacun. Elles partent à la recherche d'information dans les livres, sur Internet. Les parents sont aussi mis à contribution et interrogés. Chaque équipe travaille à la réalisation de son projet, dont voici quelques exemples : reproduction géante des planètes du système solaire et exposé informatif sur les caractéristiques de celles-ci, montage commenté de photos prises sur Internet des étapes du décollage et de l'atterrissage d'une navette spatiale, reproduction artisanale d'un costume d'astronaute et recherche sur le mode de vie des astronautes dans l'espace, reproduction du robot Sojourner en matériaux recyclés, conception d'affiches explicatives sur les météorites et les comètes, mise en scène jouée par les élèves montrant le mouvement des planètes et illustrant les phénomènes du jour et de la nuit, des saisons, etc. Le projet s'est finalement clôturé par une diffusion de chacun des projets d'équipe devant les parents et les grands-parents des élèves.

Tout au long de ce projet, j'ai pu observer chez mes élèves une grande motivation et une bonne compréhension de divers phénomènes complexes qui auraient certainement été difficiles à enseigner d'une manière magistrale. Aussi, les élèves ont développé leur capacité à recourir à une grande diversité de ressources parfois internes (expériences personnelles, habiletés, intérêt), parfois externes (les pairs, l'enseignante, les parents, les sources documentaires). Je pense que la pédagogie par projet a l'avantage de mener l'élève à une appropriation de contenus notionnels et d'habiletés intellectuelles et sociales, tout en respectant ses acquis et ses champs d'intérêt. Par exemple, j'avais une élève atteinte d'une déficience intellectuelle intégrée dans mon groupe qui s'intéressait beaucoup au personnage de l'astronaute. Avec l'aide de son éducatrice, elle a travaillé sa motricité fine en concevant un costume d'astronaute, sa motricité globale en mimant les mouvements des astronautes sur la lune, dans un véhicule lunaire et dans la navette. Elle a aussi développé son langage en nous parlant de l'alimentation des astronautes.

Enfin, après une objectivation du projet avec les élèves, ceux-ci ont dégagé les avantages de l'exercice et le plaisir qu'ils ont eu à travailler en équipe. La fierté des élèves m'a beaucoup impressionnée ainsi que les nombreux apprentissages réalisés par ceux-ci.

À mon avis, la pédagogie par projet s'inscrit bien dans l'esprit de la réforme scolaire actuelle, car elle a l'avantage de favoriser le décloisonnement disciplinaire. Ainsi, par la démarche de projet, mes élèves ont intégré des contenus et des habiletés liés à plusieurs domaines d'apprentissage (langue, mathématique, science et technologie, arts...) pour répondre à leur questionnement, trouver des solutions à un problème survenu en cours de route et atteindre leurs objectifs de départ. Les élèves ont dû faire des liens entre les apprentissages et mobiliser tous leurs savoirs. Par exemple, l'enfant qui a fait le projet sur le robot Sojourner a dû chercher des informations sur Internet (science et technologie), utiliser ses stratégies de lecture pour comprendre les textes à caractère scientifique (langue, science et technologie), suivre une démarche d'écriture pour présenter une analogie entre le robot et l'être humain (langue). Beaucoup d'éléments du programme de formation font appel à des pratiques pédagogiques basées sur une conception de l'apprentissage d'inspiration constructiviste. À mon avis, la pédagogie par projet s'inscrit très bien dans cette conception, car l'élève est le premier bâtisseur de son projet : il est engagé dans chaque étape de la démarche.

En terminant, je trouve important de faire ressortir quelques éléments clés qui favorisant la bonne marche d'un projet au primaire... D'abord, le soutien et la participation des parents pendant le projet est souhaitable. Ceux-ci peuvent aider les enfants dans leur création, les assister dans la recherche et la lecture des informations, les faire répéter en vue de la diffusion, etc. Ensuite, la présence de collègues qui vivent ou on déjà vécu des projets dans leur classe s'avère un atout stimulant, car elle permet d'objectiver, de partager des expériences et idées.

L'appui de la direction de l'école est aussi un facteur important. Celle-ci doit croire en cette façon d'enseigner et vouloir s'impliquer en encourageant les élèves et en débloquant un budget spécial pour l'achat de matériel si nécessaire. Et, par-dessus tout, il faut être un enseignant prêt à s'engager, prêt à apprendre en même temps que les élèves, prêt à devenir un guide qui questionne beaucoup, prêt à laisser plus de place aux enfants dans la classe, prêt à faire des heures supplémentaires pour mieux encadrer certains élèves ou mieux planifier certaines étapes, prêt à accepter qu'il y ait parfois des pertes de temps momentanées dans certaines équipes, prêt à gérer des conflits qui surviendront parfois entre certains élèves, prêt à prendre des risques, prêt à faire autrement...

Geneviève Buist,
Enseignante au premier cycle du primaire
École La Croisière

L'apprentissage par projet :
du comment y croire... à n'en plus douter !

Il n'y a qu'un seul moyen au monde d'amener une personne à faire de bon cœur une certaine action : c'est de susciter en elle le désir d'accomplir cette action.

Louis N. Fortin

Une aventure pédagogique plus qu'enrichissante

Vous êtes un enseignant, une enseignante ? Prenez donc quelques instants pour imaginer les réactions de vos élèves si vous leur proposez de transformer un cours de 45 heures en un cours de plus de 200 heures ! À coup sûr, ils réclameront votre démission sur-le-champ auprès de la direction. Et ce sera encore plus vrai si le cours en question se donne à la dernière session de leur formation collégiale et qu'ils ont déjà à leur horaire d'études six autres cours.

Imaginez maintenant votre propre réaction si cette proposition venait d'eux ! Vous croyez d'abord à un canular ou, pire encore, à une manifestation d'hystérie collective ou bien finalement à un choc post-traumatique d'une formation qui porte son lot d'exigences au niveau des apprentissages multiples et variés à intégrer. Mieux encore, vous vous surprenez à imaginer ce qu'aurait pu être votre congé à traitement différé si vous ne l'aviez pas reporté à l'année prochaine.

Chez nous, tout a débuté par une simple « discussion de corridor » avec un élève finissant qui demandait des suggestions pour financer le bal de fin de session. A priori, je me montrais en désaccord avec la vente de caramels ou de barres de chocolat que, finalement, les étudiants bouffent dans leurs cours, prétextant l'hypoglycémie. Il m'est arrivé à quelques reprises d'avoir une classe complète d'élèves affectés par cette insuffisance du taux de glucose qui, de toute évidence, prenait de plus en plus d'ampleur chez l'ensemble des étudiants malgré l'improbabilité de propagation.

Ayant collaboré avec une professeure du département à l'écriture d'une pièce de théâtre de réflexion, je proposai aux élèves de la jouer, avec l'accord de l'auteure, ce qui leur permettrait d'amasser des fonds pour la tenue de leur bal. À ce moment bien précis, j'ignorais que je serais l'heureux élu d'un simple cours de 45 heures converti presque en un programme de formation! À bien y réfléchir aujourd'hui, bien qu'elle comporte son lot d'inconvénients, il faut bien le reconnaître aussi, la vente de chocolat comporte aussi des avantages pour des étudiants souffrant d'hypoglycémie et m'apparaît comme étant une excellente source de financement.

L'aventure débute donc par un projet de financement d'un bal des finissants et se transformer en une aventure extraordinaire où la conscience sociale et le désir de contribuer au mieux-être de la communauté sont devenus la base d'une complicité exceptionnelle avec les étudiants.

Partir des objectifs d'un cours, celui de Projets en organisation communautaire, doublé du texte d'une pièce de théâtre, « Urgence de tendresse », écrite par une professeure du même département portant sur différentes problématiques sociales, y adapter des projets d'intervention en équipe de travail en s'appuyant sur les problématiques sociales décrites à l'intérieur du texte dramatique, y impliquer d'autres services du collège et présenter cette pièce de théâtre en vue de sensibiliser le public et les organismes concernés à certaines réalités sociales vécues par les jeunes, les femmes et les personnes âgées, voilà l'innovation et la créativité mises au service de la démarche pédagogique d'apprentissage.

L'enseignement, souvent captif des modes traditionnels de formation, sort ainsi des sentiers battus : un cours est organisé en projet d'équipe, à partir de l'intérêt des étudiants pour les problématiques sociales, où il leur est possible de faire preuve d'originalité, de créativité et de laisser libre cours à leur imagination pour porter sur la place publique des problèmes réels. Par le recours aux jeux de rôles, les étudiantes et les étudiants ont pu procéder à un transfert à la communauté des notions acquises au cours de leur formation au regard de la prévention, de l'intervention et de l'utilisation des ressources d'aide et de soutien. Grâce à une pédagogie différente axée sur le travail d'équipe et sur l'intérêt des étudiants, un simple cours est devenu un élément de l'agir collectif pour diminuer l'ampleur des problèmes illustrés dans la pièce de théâtre ou pour y trouver de voies de solution.

Les retombées économiques de la présentation de la pièce de théâtre au grand public par une équipe de travail ont permis aux trois autres équipes de travail de la classe de poursuivre ce projet exceptionnel en fournissant un apport précieux à la communauté par la création de différentes ressources. Notamment :

– Deux coopératives jeunesse de service ont été mises sur pied, dont l'une est située à Saint-Germain-de-Grantham, non loin de Drummondville, et l'autre à Trois-Rivières, créant ainsi des emplois pour les étudiants sortants en Techniques de travail social, de même que pour les jeunes des milieux ciblés.

– La ressource « Les alliés » est née, visant à contrer l'abus financier et matériel exercé à l'endroit des aînés à Shawinigan.

– Enfin, on a produit un guide d'animation distribué aux différents intervenants des écoles secondaires des régions administratives 04 et 17, aux organismes de ces régions œuvrant auprès des femmes ainsi qu'au Conseil du statut de la femme, sur la problématique de la dépendance affective et de la violence dans les relations amoureuses chez les adolescentes de 12 à 18 ans.

En présentant leurs différents projets à l'occasion d'une journée régionale qui réunissait les différents organismes du milieu touchés et concernés par les problématiques sociales étudiées en équipe de travail, journée tenue au Cégep de Trois-Rivières, les étudiants du cours ont annoncé qu'ils investissaient, sur une base volontaire, un montant de 2 000 $ en plus des sommes recueillies auprès des différents ministères et organismes régionaux afin d'apporter leur contribution financière à la création de ces ressources.

L'expérience a certes été exigeante sur le plan de l'encadrement pédagogique des différentes équipes de travail, mais combien enrichissante sur le plan pédagogique, humain et social.

Pour réaliser ce grand projet et lui donner la portée sociale souhaitée, nous avons déployé des efforts considérables. Ensemble, malgré nos doutes et nos peurs, nous avons appris à faire autrement, nous avons pris le risque de croire en nous et en nos capacités. En travail d'équipe, nous avons fait place à l'innovation, à la créativité et à l'ingéniosité pour sortir des sentiers battus et nous engager dans la voie de nos convictions les plus profondes.

À titre d'enseignant, je dois vous avouer que je me suis senti privilégié d'avoir partagé avec ces étudiantes et ces étudiants une aventure aussi riche et profonde en complicité personnelle et professionnelle. On ne peut que trouver ces jeunes beaux et riches, car ils sont porteurs d'un rêve qu'ils ont commencé à réaliser à la suite de cette grande aventure pédagogique : celui de contribuer au mieux-être de la collectivité dans un esprit de solidarité et de partenariat.

En terminant, si des étudiants sonnent à votre porte pour vous offrir du chocolat afin de financer leur bal de finissants, sachez que votre décision risque d'être lourde de conséquences pour leur professeur! En ce qui me concerne, je vérifie préalablement auprès de celui-ci s'il est plus à l'aise à l'idée de composer avec un groupe d'étudiants souffrant d'hypoglycémie ou s'il est prêt à prendre le risque de vivre une expérience pédagogique dont il ne soupçonne même pas l'ampleur!

Gilles Normand, M.s.s., T. S.
Professeur en Techniques de travail social
Cégep de Trois-Rivières

Conclusion

Vous vous souvenez d'André, cet enseignant qui, nous le disions en introduction, avait décidé de s'attaquer aux problèmes de l'écriture et de la lecture chez ses élèves en expérimentant la formule des projets ? Que s'est-il passé depuis ?

Fin juin. Une année scolaire est passée et André a osé. Il a retenu la formule de l'apprentissage par projet pour développer chez ses élèves des habiletés à la lecture et à l'écriture efficaces. Le regrette-t-il ? Pas du tout. Bien au contraire, il comprend mal qu'il ne se soit pas engagé avant dans cette voie. Pourtant, à première vue, il aurait eu des raisons de vouloir retourner à son approche traditionnelle :

- D'abord, la déception suprême : aucune de ses équipes d'apprenants n'a remporté un prix au concours régional d'écriture. L'espoir d'un futur Goncourt s'est envolé !
- Une équipe a égaré son brouillon à mi-parcours.
- Un conflit interpersonnel a miné pour un temps le travail d'une équipe.
- Une autre équipe a manqué de temps pour produire la version finale de l'ouvrage anticipé.
- Aucune maison d'édition n'a voulu faire un tirage restreint des ouvrages, ne serait-ce qu'à titre de contribution éducative ou de simple commandite.
- Il a fallu faire des pieds et des mains pour obtenir un budget supplémentaire en photocopie, etc.

S'il fallait que l'engagement dans une formule pédagogique s'arrête là où se dresse la première embûche, l'idée de Charlemagne n'aurait pas fait long feu. André savait au départ qu'il rencontrerait des obstacles, mais il croyait en cette formule. Il avait aussi confiance en sa capacité de surmonter ces mêmes obstacles ; il avait le goût d'explorer une nouvelle avenue et, du reste, il ne pouvait continuer dans l'inefficacité relative qu'il constatait. Alors, pourquoi pas ? Voilà bien la question à laquelle il n'avait pu répondre en début d'année. Pourquoi ne pas essayer l'apprentissage par projet ? Dix mois plus tard, il se félicite d'avoir osé et, surtout, il sait maintenant pourquoi il vaut la peine au moins d'expérimenter cette formule, sinon de l'adopter.

Pour lui-même d'abord, comme enseignant, André a pu faire les constats suivants :

– Il a développé un antidote efficace à ce que nous pourrions appeler « le syndrome du confort et de l'indifférence pédagogiques », qui s'installe parfois insidieusement chez des enseignants plus ou moins expérimentés qui ou bien démissionnent devant des difficultés tenaces et se collent alors à leur façon de faire habituelle peu importe son efficacité, ou bien craignent tellement l'incertitude des situations d'apprentissage qu'ils délimitent eux-mêmes une fois pour toutes le terrain sur lequel ils comptent enseigner, transformant ainsi leur pratique pédagogique en stagnation pour répondre à un besoin de sécurité trop marqué bien que légitime en soi.

– Il a par le fait même augmenté aussi sa confiance en ses habiletés professionnelles. Non pas qu'il eût peu confiance en ses habiletés. Plutôt, cette confiance a été amplifiée du fait que, dans l'apprentissage par projet, les situations même quotidiennes comportent un degré manifeste d'incertitude. En apprenant à composer avec de telles situations, André a pu apprendre à mobiliser davantage ses ressources, à faire preuve d'imagination dans la résolution de problèmes, bref, à mieux s'adapter aux contextes d'apprentissage qui placent d'abord l'apprenant à l'avant-scène.

– Il a senti de façon concrète et à répétition qu'il *accompagnait* vraiment ses élèves dans leur apprentissage, conformément à l'étymologie même du mot « pédagogie ». La progression des apprenants apparaissait ainsi à ses yeux beaucoup plus manifeste.

– Enfin, il a tout simplement éprouvé du plaisir à enseigner, ce qui en soi est déjà beaucoup. Le progrès des apprenants, l'intérêt qu'ils accordent à leur projet, la satisfaction qu'ils en retirent, la richesse et la diversité des idées et des contenus de projets, autant de facteurs parmi d'autres qui ont fait en sorte qu'André a « passé une belle année », comme dirait l'autre. Avec les nombreux et souvent inévitables irritants engendrés par les situations de travail, une telle contribution est loin d'être négligeable.

Pour les apprenants aussi, l'expérience de l'apprentissage par projet s'est avérée fructueuse. Certes, quand leur professeur les a informés qu'il comptait utiliser cette formule, certains ont eu un sourire en coin : « Ça va être facile, ça va être "le fun", pas de devoirs », etc. La réalisation du projet a vite changé leur perspective, mais pas dans le sens d'une déception. Ceux-là même qui, hier, jouissaient à l'avance d'un heureux farniente, se sont joints au reste du groupe pour constater qu'il n'y a guère d'apprentissages véritables sans effort. Par contre, l'effort qui porte fruits et qui est reconnu a vite fait de transformer en centre d'intérêt ce qui s'annonçait comme une longue récréation, à terme oiseuse. Pour André, la fécondité de la formule chez ses élèves était évidente :

– D'abord, les élèves ont lu davantage, cherchant des scénarios, des idées, des tournures de phrases, des mots qui allaient donner du corps à leurs écrits.

– Ensuite, ils ont aussi écrit plus qu'avec la formule traditionnelle des cours magistraux. Ils ont apporté une attention particulière aux règles d'écriture et à la présentation de leurs textes, réalisant que la facture d'un texte n'est pas étrangère à l'attrait qu'il suscite, voire à sa compréhension.

- Ils ont aussi pu parcourir tout le contenu du programme proposé. Le travail qu'ils ont accompli personnellement et en équipe s'est arrimé aux exposés complémentaires de leur professeur, de sorte que les compétences visées par le programme ont pu effectivement être acquises. Cette crainte qu'entretenait André – celle de ne pas voir tout le contenu prévu – s'est vite dissipée dans l'investissement soutenu qu'exige la formule de l'apprentissage par projet.

- Les apprenants ont par ailleurs grandement renforcé leur autonomie par la débrouillardise dont ils ont dû faire preuve à différentes étapes du projet : rassemblement d'information, planification des tâches, résolution de problèmes anticipés ou imprévus, manipulation d'appareils, etc. Cette autonomie manifestée dans la conduite à terme du projet leur a insufflé une dose de confiance qu'ils semblent déjà disposés à mettre à profit dans d'autres tâches ou responsabilités.

- Un peu dans la même veine, les apprenants ont développé un goût et une fierté pour le travail bien fait. Comme le projet était vraiment le leur, puisqu'ils l'avaient conçu et réalisé, comme ils envisageaient aussi de le rendre « public » d'une certaine façon, les apprenants ont eu à cœur de « livrer un produit » qui soit plus que présentable, un produit bien attrayant et de qualité. Ce souci du travail bien fait chez ses élèves, André le considérait comme l'un des principaux bénéfices de la formule qu'il venait d'expérimenter.

- L'habileté à travailler en équipe dans le respect des personnes et de l'ordre établi fut un autre bénéfice que les apprenants ont attribué à l'apprentissage par projet. Peu à peu, le caractère ludique des échanges a cédé le pas à des réflexions et à des échanges sérieux sur la ou les façons de mener à terme le projet commun. Par dérivation, ce changement progressif de ton a contribué à donner plus de maturité aux échanges interpersonnels survenant cà et là dans la classe et à d'autres moments que ceux de la rencontre en projet.

- Point majeur de la contribution de l'apprentissage par projet au développement de compétences chez les apprenants, ceux-ci ont appris à reconnaître leurs acquis de formation, à en parler, à les nommer et à les transférer à diverses situations de la vie courante. C'est ce que l'on appelle dans le jargon éducatif l'intégration des apprentissages à l'aide, entre autres, de procédés métacognitifs. Amener un apprenant à identifier ou à reconnaître lui-même des compétences qu'il a pu développer contribue grandement à renforcer la rétention et la maîtrise soutenue de telles compétences.

– Enfin, dans une sorte de complicité involontaire avec leur professeur, les apprenants ont aussi été en mesure de constater que, oui, il peut être agréable de travailler, d'apprendre et de mener à terme des objectifs que l'on se donne, dussent-ils demander un effort soutenu.

Alors quoi? L'Eldorado? Tout l'monde à l'apprentissage par projet? Ollé moussaillons! Non, bien sûr. André fait partie de ces enseignants qui préfèrent les idées aux idéologies, la réflexion à la doctrine. Pour lui, l'expérience profitable de l'apprentissage par projet ne venait pas de chambouler toutes ses pratiques pédagogiques. Il savait qu'il devrait encore parler devant la classe, livrer des informations, faire prendre des notes, surveiller des examens, etc. Mais le panier d'interventions s'est maintenant enrichi de «l'autrement», celui qui élargit les horizons et qui nous fait voir qu'en pédagogie on peut penser et agir *autrement* quand notre action se heurte à l'inefficacité. L'intention avouée ou cachée ne doit jamais être de vouloir «faire école» dans une école! Elle doit toujours être de chercher, honnêtement et en toute conscience professionnelle, à trouver réponse à une question centrale en pédagogie: comment puis-je *le mieux* faire progresser mes élèves dans la voie des compétences à acquérir ou des objectifs de formation à atteindre? L'apprentissage par projet ouvre à cet égard une fenêtre qui invite de l'air frais comme réponse.

Exemple d'un canevas de rapport d'activités[1]

Nom de l'apprenant : _____		
Groupe-classe : _____		
Cours ou matière : _____		
Titre du projet : _____		

Période	Tâches attendues	Tâches réalisées
Du _____	Ex. : préparer un plan d'entrevue	Ex. : plan d'entrevue complété
au _____		

Commentaires :

_____

_____

_____

_____

1. Le canevas présenté vaut pour un rapport individuel d'activités. Il suffit d'y faire les ajustements appropriés si le rapport en est un d'équipe, en n'oubliant toutefois pas de prévoir un espace où seront inscrites les contributions individuelles. Le canevas peut aussi prendre une forme plus détaillée comme au tableau apparaissant à la page 128.

Annexe 2

Exemple d'un canevas de rapport de projet

TITRE DU PROJET

Rapport de projet

remis à :

_____

par :

_____

_____

_____

dans le cadre du cours :

_____

Nom de l'établissement

_____

Date de remise

TITRE DU PROJET

Objectifs de formation visés ou compétences à acquérir :

_____

_____

_____

Brève description du projet. En quoi consistait ce projet ?

_____

_____

_____

_____

Organisation du travail à faire : calendrier des opérations, distribution des tâches, activités réalisées, etc.

_____

_____

_____

_____

Brève description du résultat final du projet, du produit réalisé :

_____

_____

_____

_____

Difficultés éprouvées et solutions adoptées :

_____

_____

_____

_____

Apprentissages réalisés, objectifs atteints ou compétences acquises :

a) Par rapport aux objectifs de formation
   (ou compétences à acquérir) prédéterminés :

_____

_____

_____

_____

_____

b) Apprentissages réalisés à d'autres égards :

_____

_____

_____

_____

Conclusion : Regard général et prospectif : qu'est-ce que le projet
m'a apporté et quels transferts puis-je en faire
pour mon développement actuel et futur ?

_____

_____

_____

_____

Références : personnes et ouvrages consultés.

_____

_____

_____

Annexe 3

Exemple d'un canevas de journal de bord

TITRE DU PROJET

Journal de bord

remis à :

_____

par :

_____

_____

_____

_____

dans le cadre du cours :

_____

_____

Nom de l'établissement

_____

Date de remise

Dates	Activités réalisées	Événements survenus	Commentaires (impressions, réflexions, apprentissages réalisés, etc.)
X	1. _____ 2. _____ 3. _____	1. _____ 2. _____	_____ _____ _____ _____
Y	1. _____ 2. _____ 3. _____	1. _____ 2. _____	_____ _____ _____ _____
Z	1. _____ 2. _____ 3. _____	1. _____ 2. _____	_____ _____ _____ _____

Exemple de questions ouvertes applicables à l'évaluation d'un projet

QUESTION 1 : Par ce projet, nous voulions développer chez vous, comme compétence, la capacité de coopérer efficacement avec autrui dans la réalisation d'une tâche ou d'un ensemble de tâches.

Dans quelle mesure considérez-vous avoir acquis cette compétence ? Expliquez et démontrez clairement votre point de vue en précisant comment vous comprenez le terme « coopération » et en montrant à l'aide d'exemples concrets de comportements comment vous avez pu ou non développer cette compétence.

QUESTION 2 : Par ce projet, nous voulions développer chez vous, comme compétence, la capacité de vous exprimer correctement en français par écrit.

Pourriez-vous démontrer, en un texte écrit d'une page, que vous possédez maintenant cette capacité et expliquez dans ce texte comment vous avez fait pour la développer par le projet.

Exemple d'une grille d'évaluation critériée d'un projet en équipe

Titre du projet : _____

Noms des membres de l'équipe : _____ Note obtenue :

_____ _____

Groupe-classe : _____

Cours : _____

	Indices	Évaluation	Commentaires
Efficacité dans le travail d'équipe Ex. : 30 %	• Comportements coopératifs. • Participation de tous. • Tâches réparties et assumées par chacun.	Ex. : 24/30	
Contenu du projet Ex. : 30 %	• Qualité du sujet choisi. • Planification ordonnée et respectée. • Collecte d'informations riches et pertinentes.	Ex. : 24/30	
Présentation du projet Ex. : 10 %	• Présentation matérielle du produit du projet. • Présentation orale du projet.	Ex. : 8/10	
Contribution du projet Ex. : 30 %	• Degré d'atteinte des objectifs de formation visés. • Apprentissages réalisés. • Impact général du projet pour l'équipe, la classe ou le milieu environnant.	Ex. : 24/30	
Total : 100 %	• Vue d'ensemble du projet.	Ex. : 80 %	

Exemple d'une grille d'autoévaluation de la participation individuelle à un projet

Nom de l'apprenant : _____	Note de l'apprenant :
Groupe-classe : _____	
Cours : _____	Note de l'enseignant si correctif :

Indices	Fréquence				
	Jamais	Rarement	Souvent	Toujours	Ne s'applique pas
1. J'ai été présent aux rencontres de travail sur le projet.					
2. J'ai été ponctuel à ces rencontres.					
3. J'ai exprimé mes opinions.					
4. Je l'ai fait quand c'était le temps de le faire.					
5. Je me suis concentré sur les tâches à faire.					
6. J'ai accompli toutes les tâches demandées.					
7. J'ai fait des tâches ou des travaux complémentaires pour enrichir ma contribution à l'équipe.					
8. J'ai écouté et respecté le point de vue des autres.					
9. Je les ai aidés quand ils éprouvaient des difficultés.					
10. J'ai demandé de l'aide à mon professeur ou à mes coéquipiers quand j'éprouvais des difficultés.					

Exemple d'une grille d'appréciation individuelle de la réalisation d'un projet

En général, je suis _____ satisfait :

Aspects	Items	Très	Assez	Peu	Pas du tout	Ne s'applique pas
Fonctionnement de l'équipe	• De la façon de coopérer de chacun dans l'équipe.					
	• De la participation de chacun dans l'équipe.					
	• Des décisions prises en équipe.					
	• Du respect témoigné envers chacun.					
	• Du climat général du travail en équipe.					
Déroulement du projet	• Du temps consacré au projet.					
	• Du choix du sujet.					
	• De la façon dont nous avons planifié le projet.					
	• Du contenu d'information que nous avons livré par ce projet.					
	• De la qualité du travail accompli en équipe.					
	• De la qualité du travail que j'ai accompli personnellement.					
	• De la présentation faite des résultats du projet.					
Contribution du projet	• Des apprentissages personnels réalisés dans ce projet.					
	• De l'impact du projet dans mon milieu immédiat (amis, école, parents, milieu, etc.).					

Commentaires : _____

_____

_____

Bibliographie

ALLAL, L. (1991). *Vers une pratique de l'évaluation formative.* Bruxelles : De Boeck.

ARPIN, L. et CAPRA, L. (2001). *L'apprentissage par projets.* Montréal : Chenelière/McGraw-Hill, 259 p.

BLOOM, B.S. (1973). « Learning for Mastery », *Handbook on Formative and Summative Evaluation of Student Learning.* New York : McGraw-Hill.

BORDALLO, J. et GINESTET, J.P. (1993). *Pour une pédagogie du projet.* Paris : Hachette, 191 p.

BOUTINET, J.P. (1993). *Anthropologie du projet.* Paris : Presses universitaires de France.

BRU, M. et L. NOT (1987). *Où va la pédagogie du projet ?* Toulouse : EUS.

CHAMBERLAND, G., L. LAVOIE et D. MARQUIS (1995). *20 formules pédagogiques.* Sainte-Foy : Presses de l'Université du Québec, 176 p.

COURTOIS, B. et C. JOSSO (1997). *Le projet : nébuleuse ou galaxie ?.* Paris : Delachaux et Niestlé.

DAVIS, B.G. (1993). *Tools for Teaching.* San Francisco : Jossey Bass.

DEWEY, J. (1897). « My Pedagogic Creed », *School Journal*, 54, p. 77-80.

DIAS DE CARVALHO, A. (1987). « Du projet à l'utopie pédagogique », Dans M. Bru et L. Not, *Où va la pédagogie du projet ?* Toulouse : EUS, p. 89-100.

FROMM, E. (1956). *The Art of Loving.* Réédition chez Harper Collins (1989).

GARDNER, H. (1985). *The Mind's New Science : A History of the Cognitive Revolution.* New York : Basic Books.

GAUTHIER, C., J.F. DESBIENS et S. MARTINEAU (1999). *Mots de passe pour mieux enseigner.* Sainte-Foy : Les Presses de l'Université Laval.

GOODRICH, H., T. HATCH *et al.* (1995). *Teaching through projects.* New York : Addison-Wesley, 124 p.

GOUVERNEMENT DU QUÉBEC (2001). *Programme de formation de l'école québécoise.* Québec, Ministère de l'Éducation.

GRÉGOIRE, R. et T. LAFERRIÈRE (2001). « Apprendre ensemble par projet avec l'ordinateur en réseau ». Site Internet : http ://www.tact.fse.ulaval.ca/fr/html/sites/guidep.html.

GUILBERT, L. et L. OUELLET. (1997). *Étude de cas et apprentissage par problème.* Sainte-Foy : Presses de l'Université du Québec.

HARGREAVES, D.H. et D. HOPKINS (1991). *The Empowered School : The Management and Practice of School Development* Londres : Cassell.

JOANNERT, P. et C, VANDER BORGHT (1999). *Créer des conditions d'apprentissage, un cadre de référence socioconstructiviste pour une formation didactique des enseignants.* Bruxelles : De Boeck.

JOHNSON-LAIRD, P.N. (1988). *The Computer and the Mind : An Introduction to Cognitive Science.* Cambridge : Harvard University Press.

KILPATRICK, W.H. (1918). « The project method. The use of the purposeful act in the educative process », *Teachers College Bulletin,* XIX(4).

KILPATRICK, W.H. (1926). *Foundations of Method: Informal Talks on Teaching.* New York : Macmillan.

LAZARUS, R.S. (1990). « Constructs of the mind in adaptation », dans N.L. STEIN *et al.* (dir.), *Psychological and Biological Approaches to Emotion.* Hillsdale, N.J. : Erlbaum Associates, p. 3-19.

Le Petit Larousse (1999). Paris : Larousse-Bordas.

LEDOUX, A.M. (2003). *Le travail en projet à votre portée.* Anjou : Éd. CEC.

MANDLER, G. (1984). *Mind and Body.* New York : John Wiley and Sons.

MARTINEAU, S. et D. SIMARD (2001). *Les groupes de discussion.* Sainte-Foy : Presses de l'Université du Québec.

MORISSETTE, D. et GINGRAS, M. (1989). *Enseigner des attitudes : planifier, intervenir, évaluer.* Québec : Les Presses de l'Université Laval, Bruxelles : De Boeck.

NOT, L. (1987). « La notion de projet en pédagogie entre 1875 et 1975 », dans M. Bru et L. Not, « *Où va la pédagogie du projet ?* » Toulouse : EUS, 1987, p. 7-41.

OSTER, P. (1986). *Dictionnaire de citations françaises.* Paris : Le Robert, Les usuels, p. 54.

PALMADE, G. (1971). *Les méthodes en pédagogie.* Paris : Presses universitaires de France.

PELLETIER, D. (2001). *L'activité-projet : le développement global en action.* Mont-Royal : Modulo.

PERRENOUD, P. (1998). *Réussir ou comprendre ? Les dimensions classiques d'une démarche de projet.* Genève, Université de Genève.

PERRENOUD, P. (1999). « Apprendre à l'école à travers des projets : pourquoi ? comment ? » Site Internet : http ://www. unige.ch/fapse/SSE/teachers/perrenoud/php_mam/php_1999/ 1999_17.html, 13 p.

PIAGET, J. (1967). *La psychologie de l'intelligence.* Paris : Armand Colin.

PIAGET, J. (1974). *Réussir et comprendre.* Paris : Presses universitaire de France.

PROULX, J. (1993). *Enseigner mieux.* Trois-Rivières : Cégep de Trois-Rivières.

PROULX, J. (1999). *Le travail en équipe.* Sainte-Foy : Presses de l'Université du Québec.

SARTRE, J.-P. (1960). *Questions de méthode. Critique de la raison dialectique.* Paris : N.R.F.

SCALLON, G. (1988). *L'évaluation formative des apprentissages. La réflexion.* Québec : Les Presses de l'Université Laval.

SIMON, H.A. (1981). « Cognitive Science : The Newest Science of the Artificial », dans D.A. NORMAN (dir.), *Perspectives on Cognitive Science.* Hillsdale, N.J. : Erlbaum Associates, p. 13-25.

SNYDER, N. (1995). *Self-monitoring : Public Appearances versus Private Realities.* New York : McGraw-Hill.

TARDIF, J. (1992). *Pour un enseignement stratégique : l'apport de la psychologie cognitive.* Montréal : Les Éditions Logiques.

VALLIÈRES, D. (2003). « L'apprentissage conjugué au plus-que-parfait », *Pédagogie collégiale,* 16(4), p. 35-40.

VYGOTSKY, L. (1985). *Pensée et langage.* Traduction : Éditions sociales Messidor.

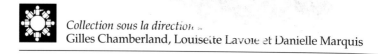

Collection sous la direction ...
Gilles Chamberland, Louisette Lavoie et Danielle Marquis